普陀山佛學叢書

觀世音經箋註

華東師範大學出版社

《普陀山佛學叢書》編纂委員會

《普陀山佛學叢書》序一

在佛教文化中，有一樁很值得自豪的事業，就是典籍的整理。佛教典籍，作爲三寶住世的重要載體，自來受到教界、學界和廣大信衆的珍視。在佛陀涅槃後不久，就開始了第一次結集，可以看作是佛教典籍整理的源頭。從此之後，結集不斷進行。同時，佛教典籍也在增加——大乘經典的出現，諸類注疏的繁興，後世著述的湧現，儘管數量巨大，也都得到不斷地整理。只要看看各種不同的大藏經，就可以知道佛教典籍整理的成果是何等豐碩了。

這些整理工作的成績絶對令人驚歎。首先，佛教典籍整理的工作遍及寬廣的地域，産生了包羅宏富的藏經體系。世界上現存的大藏經有巴利語、漢文、藏文三大體系，有巴利語、漢文、藏文、西夏文、蒙文、滿文、日文七種文字流傳。這還不包括只剩下少數零散貝葉本或紙寫本的早期梵文經典，以及雖有刊刻卻未見傳世實物的契丹文大藏經。即使在世界文化史的範圍內，也很難看到如此宏富的典籍體系。其次，佛教典籍整理的工作貫穿着長久的歷史，各種體系的藏經都在不斷地完善着。就漢文大藏經來説，至遲在隋代，初期的手寫大藏經已經流傳。同時還有石刻藏經，如房山雲居寺就保存有從隋至明的各類石刻經版一萬五千餘塊。印刷術的發明，使得北宋初年就出現了第一部刻版大藏經——《開寶藏》。此後，我國歷代官、私所修的大藏經，目前已知的計有二十一種。在國外編印的漢文大藏經也有九種：朝鮮的《高麗藏》初雕、再雕兩種，日本的《弘安藏》《天海藏》《黃檗藏》《弘教藏》《卍字藏》《卍字續藏》《大正藏》七種。目前，中國大陸和中國臺灣正在分別編纂的《中華大藏經》和《佛光大藏經》，都力圖成爲能夠體現最新水準的新版大藏經。在我國沒有任何一部典籍彙編，具有大藏經這樣不斷完善的歷程。比起數十部大藏經來，名聞遐邇的《四庫全書》顯得孑然孤立。

透過這些整理工作，使我們看到一代代佛教典籍整理者的虔敬和匠心。他們的虔敬，使得藏經的整理完全不藉外緣。俗話説，「盛世修典」，典籍的整理總需要一個太平盛世提供種種物質的支援。但是，藏經的編修卻並不如此，即使在亂世，這個工作也不曾停頓。信仰給予了這個工作無量的支持，人世的滄海桑田又何足搖動？他們的匠心，卻又使得藏經的整理最爲善用外緣。只要利於佛教典籍的流傳，他們無不擇取。貝葉上，紙帛上，碑石上，佛教典籍無處不在。我們在最早的紙質印刷品上看到的，是佛經。我們現在能夠利用的最爲完善的中文典籍電子檢索系統，是大藏經。他們從未錯失時運所賦予的機緣。

正是有了他們的努力，佛教典籍得以大批保存，使後來虔誠求法的信衆得以親近法寶。「感恩」二字，對於他們實在顯得太輕太微薄。也許，最真切的「感恩」，應該是繼承他們的願望，將佛教典籍整理的工作隨着新的機緣不斷推出弘揚。就是出於這個信念，我們中國佛學院普陀山學院啓動了這套《普陀山佛學叢書》的編輯工作。

我們首先希望能夠繼承前輩們編修藏經的傳統，盡力搜集整理未曾入藏的佛教典籍，逐步完成一個較爲系統的藏外文獻彙集。陸續進行近現代佛教典籍注疏系列、巴利文梵文藏文佛教典籍翻譯系列、近現代佛學名著系列、海外佛學名著系列等的整理刊印，從多方面、多角度拓展藏經的内涵。

我們對於佛教面向新時代的機緣，也有一個自己的理解。儘管佛教一直給予中國文化以深遠的影響，但是佛學仍然需要走入中國學術的中心，發揮更爲關鍵的作用。或許，這就將出現在這個時代。爲了將佛教典籍整理引向學術路徑，我們有意展開如下工作：重視佛教典籍的版本價值，推出佛學善本叢刊；以觀音、天台宗文獻爲核心，對入藏典籍進行標校整理，提供既符合古籍整理規範又便於閱讀的新版本；編輯整理當代海内外的佛學論著，關注佛學研究的最新動態。

我們中國佛學院普陀山學院也將圍繞佛教典籍整理展開自己的教學科研，組織力量對重要的佛學典籍進行注釋。嘗試以乾嘉學派的客觀實證方法研治佛學典籍，提供能幫助讀者進一步深入理解佛學的可靠讀本。我們期待這一注經工作，能夠成爲中國佛學院普陀山學院的長期學術事業。

當然，這個設想是過於宏大了，也遠遠超出了我們目前的實力。但是發一個宏願，必將有一份動力。我們相信，經過長期不懈的努力，一定能夠爲佛教典籍的長久流傳做一份貢獻。何況，普陀山自來就有的文化傳統，衆多善知識的熱心參與，都給了我們信心。同時，我們也熱忱期望，有更多的同道來參與這個事業。

法門無量誓願學。學佛法，必然從典籍開始。整理佛教典籍，將是我們中國佛學院普陀山學院義不容辭的責任。

中國佛學院普陀山學院院長　釋道慈*

述於普陀山普濟禪寺　二〇一三年四月五日

* 釋道慈，全國政協委員，中國佛教協會副會長，浙江省佛教協會名譽會長，普陀山佛教協會會長，普陀山普濟禪寺方丈，中國佛學院普陀山學院院長。

《普陀山佛學叢書》序二

《普陀山佛學叢書》即將出版，我由衷地感到欣慰。我以爲，這件事的意義遠不止出版了一套叢書，而是從中體現了普陀山佛教文化發展的新面貌。

普陀山承擔着半個亞洲的信仰，其得天獨厚的地位，帶給我們的不僅是自豪，也是責任。編纂《普陀山佛學叢書》，體現了普陀山佛教協會對於發展普陀山這一不容推辭責任的主動擔當。在當今社會條件之下，佛教發展越來越需要提升文化的内涵，著書立説應當成爲振興正信佛教的一大重要任務。普陀山佛協在推動普陀山發展的過程中，始終將文化置於自己的視野中，是迎合時代主題的。擔任叢書編纂任務的中國佛學院普陀山學院，也切實貫徹了佛協的精神。在他們的叢書構劃中，既有特别編輯獨具普陀山自身文化特色的《觀音藏》的願望，也有全面整理佛教文化典籍的抱負。而且，不止於對佛教文化典籍的整理，也發心以整理典籍爲核心展開自己的學術事業，服務於佛教的弘揚。我相信，他們的這項工作，必將積極促進普陀山的文化建設和未來發展。

這是普陀山發展中喜人的新面貌。之所以我非常贊賞並樂意支持他們的這項工作，是因爲這項工作的意義特别重大。理理紛繁萬千的思路，想到要處理好的兩個辯證關係，也寫出來，大家共勉。

我首先想到的是社會和文化的關係。可以說，我們中華民族正在穩步走向全面復興的道路上，舟山也已走進「新區」時代。前所未有的社會條件給予文化發展一個最佳的契機。佛教界當然也不例外。面對如此良好的社會發展機遇，我們每一個人都應該感到珍惜，想到回報。社會和文化之間存在一個辯證關係，社會給文化提供條件，文化也會促進社會的完善與發展。我們理應通過佛教文化的弘揚，爲社會的完善與發展盡心盡力。普陀山的佛教界都有一個共同的認識，普陀山已經超越了「香火興廟」的時期，應該認真考慮「文化興教」的問題了。發掘佛教文化對於當前社會建設的積極因素，逐步消除「香火興廟」時期的消極因素，是佛教界在完善自身形象，促進社會發展過程中必須率先予以關注的。我看到在叢書的字裏行間，對此有所意識，有所覺悟。

還有傳承和發展的關係。叢書畢竟是中國佛學院普陀山學院的學術工作，文化自身的意義還是應該突出的。對於文化來説，傳承和發展也是辯證的。發展以傳承爲基礎，傳承以發展爲目標。我們不能急於求成，一味强調佛學院法師們自己的著書立説，首先應該宣導甘於在經典中的沉浸並不斷加深自身涵養的氛圍。叢書中對於大德先賢著述的整理，值得贊許。不過，決不能僅僅止步於此，我們殷切期待法師們能夠從前輩經典的沉浸中儘快超越，在新的學術環境下，「究天人之際，通古今之變，成一家之言」。叢書中關於這一目標的設想，也盼望衆位法師念念不忘。

《普陀山佛學叢書》的出版，是個良好的開端。普陀山佛教文化事業的發展，卻是長期的歷程。它對於社會的積極促進，則是不斷的跋涉。

是爲序。

忻海平*

二〇一三年四月七日

* 忻海平，中共舟山市委常委，市委秘書長，市委統戰部部長。

《觀世音經箋註》整理弁言

鍾錦

丁福保四十五歲開始箋註佛經，如他自己所説，那時對於佛教的瞭解還並不深入。就如這本《觀世音經》，丁福保很久以來居然不知道就是《妙法蓮華經》中的《普門品》。其實在僧祐的《出三藏記集》卷四裏，就著録有兩種：「《光世音經》一卷。出《正法華經》，或云《光世音普門品》。《觀世音經》一卷。出『新法華』。」西晋時「觀世音」譯作「光世音」，根據註文，《光世音經》就是竺法護譯《正法華經》中的《普門品》。所謂「新法華」，應該是當時爲了區别竺法護譯《正法華經》，而對鳩摩羅什所譯新本的稱呼。那《觀世音經》就應該是鳩摩羅什譯《妙法蓮華經》中的《普門品》了。天台智顗口述、弟子灌頂記録的《觀音玄義》、《觀音義疏》，分别對《普門品》的經題和經文進行疏解，其中也可窺知《觀世音經》即是《普門品》。如果説，丁氏失檢《出三藏記集》尚可理解，但對於名列「天台五小部」的《觀音玄義》和《觀音義疏》竟然也不知就裏，就令人咋舌了。

更何况在晋宋時期，還有一部《觀世音觀經》。《出三藏記集》卷二著録：「《觀彌勒菩薩生兜率天經》一卷，或云《觀彌勒菩薩經》，或云《觀彌勒經》。《觀世音觀經》一卷，《禪要秘密治病經》二卷,宋孝建二年於竹園寺譯出。《佛母般泥洹經》一卷。孝建二年於鍾山定林上寺譯出,一名《大愛道般泥洹經》。右四部,凡五卷。宋孝武帝時,僞河西王從弟沮渠安陽侯京聲譯出。前二『觀』先在高昌郡,久已譯出,於彼齎來京都。」而丁氏箋註中徵引《法華傳記》,實出該書《支派別行第四》:「河西王沮渠蒙遜歸命正法,兼有疾患。以語菩薩,即云:『觀世音此土有緣。』乃令誦念,病苦即除。因是別傳一品,流通部外也。」原書確將《普門品》視爲《觀世音經》,然而卻也將《觀世音觀經》視爲《觀世音經》。所以在論述《法華經》「支派別行」時,記録了:「《觀世音經》一卷,宋安陽侯京聲於高昌譯。」由於《觀世音觀經》的譯者安陽侯沮渠京聲是河西王沮渠蒙遜的從弟,那麼河西王誦念的究竟是《觀世音經》,還是《觀世音觀經》,仍可疑惑。

《法華傳記》又記:「《普門品經》一卷,東晉沙門祇多蜜譯。」也認爲是「大部中《普門品》同本」。其實另有不同於《普門品》的《普門品經》。《出三藏記集》卷二著録:「《普門經》一卷。一本云《普門品》,太康八年正月十一日出。」説是:「晉武帝時,沙門竺法護到西域得胡本還,自太始中至懷帝永嘉二年以前所譯出。」又著録:「《普門品經》一卷。闕。」説是:「西域沙門祇多蜜所出。傳云晉世出,未詳何帝時。」雖然祇多蜜譯本自僧祐以來久已不見,但竺法護《佛説普門品經》譯本猶存,可知並非《普門品》。因此,《法華傳記》的記述其實並非完全可靠的。

丁福保的佛經箋註均步趨王逸註《楚辭》、李善註《文選》的前例,於經文每句之下註解字詞義據、疏通文句大意。但這本《觀世音經箋註》畢竟是觀世音菩薩應化的典籍，丁氏於此之外，還增註一些史書中的靈異故事。連同卷首的《觀世音經靈異記》，這些故事中的《觀世音經》究竟是不是確指《普門品》，還是也混入了《觀世音觀經》和《普門品經》？仍然值得詳細考證一下。

《觀世音經箋註》原爲丁福保創辦的醫學書局所出《佛學叢書》中的一種，民國七年鉛字排印出版。道崇法師根據此本，重新加上了規範標點。我又再校一遍，並將丁福保的《疇隱居士自述》和印光大師的《復丁福保居士書》十九通作爲附録。因爲前者涉及印光大師對丁氏箋註的評價，後者可以瞭解丁氏生平，對於我們閱讀丁氏的佛經箋註有些參考價值。

觀世音經箋註

觀世音經者、卽妙法蓮華經第七卷之觀世音菩薩普門品。○昔伊波勤菩薩遊化葱嶺、來至河西。河西王沮渠蒙遜、歸命正法。衆有疾患。以告菩薩。菩薩云。觀世音於此土有緣。乃令誦念法華經中之觀世音菩薩普門品。王之病苦卽除、因此普門品別行於世。稱曰觀世音經。此說出法華經傳記一。

姚秦三藏法師鳩摩羅什譯

無錫丁福保仲祜箋註

十六國時、姚萇建朝號曰秦。故曰姚秦。○經律論三者包藏在內、曰三藏。經說定學。律說戒學。論說慧學。通曉此三藏之學之翻譯師。稱曰三藏法師。○鳩摩羅什、父中天竺人、母龜茲（在今新疆）國王女。鳩摩、華言童子。羅什、華言日壽。合言曰童壽。以年少老成、故名。姚秦時、姚興迎入關。奉為國師。

爾時 爾者、此也、其也。言爾時者、說妙音菩薩品已竟之時也。妙音菩薩品在普門品前。**無盡意菩薩、** 佛遊寶莊嚴堂、說大集經時、無盡意菩薩從東方不眴國之普賢如來處來。廣說八十無盡之法門。是為無盡意菩薩經。○若愚讚云、世間無邊塵擾擾。衆生無數業忙忙。愛河無底浪滔滔。是故我名無盡意。**卽從座起、** 諸佛以蓮華為座、或以師子為座。皆結跏趺坐於其

《觀世音經箋註》書影

目録

觀世音經箋註序

學佛第一須正知正見。經云：「因地不真，果招迂曲。」蓋初發心者非真具正知正見，鮮有不墮入魔途者。丁君仲祜所著《觀世音經註》，處處以經文證明，令讀者曉然於我佛意趣之所在，非無數劫來深種善根，曷克臻此？末法時代，魔說盛行。以余所見近人言佛法之書，大都視爲一種哲學，任意解釋，去我佛本旨甚遠。學佛而招魔果，此真如來所謂可憐憫者已。丁君能本此旨，取坊間流通之經典，悉加以解釋，使讀者發生正知正見，勿爲邪説所迷，其功不在天台、賢首諸大師下。余以世障深重，墮落政海，三十年前所發宏教誓願，至今未能踐履。讀丁君此書，不禁感愧交集，涕下如縻。爰書此以堅讀者之信，而懺吾夙昔之愆，倘亦佛菩薩所許歟？

戊午四月下旬孫毓筠。

箋經雜記五

余少讀《晋書》，至百十五卷，有徐義者，爲慕容永所獲，械埋其足，將殺之，義誦《觀世音經》，至夜中，土開械脱，於重禁之中，若有人導之者，遂奔楊佺期，佺期以爲洛陽令。見《載記》第十五《苻丕載記》。余之知有《觀世音經》始於此，遂購求《觀世音經》，歷數年不可得。後讀《法苑珠林》卷十七，載誦念《觀世音經》之靈異凡十餘則，所引皆唐以前書也。求誦《觀世音經》之念愈切，然求之仍不可得。

去歲閲《古今圖書集成·神異典·佛經部紀事》，載誦念《觀世音經》之靈異，多至不可勝紀，所引皆有名之書，非荒誕不經之説也。余因此函託各處友人買《觀世音經》，久之仍不可得。

後讀明人所編《大藏一覽》，至第四卷，有《觀音經偈》，此偈即在《妙法蓮華經·觀世音菩薩普門品》中。余疑《法華經》中之《普門品》即《觀世音經》也。然無他種確證，不敢信。後閲《法華傳記》，始知有河西王名沮渠蒙遜者，歸命正法，而兼有疾，以告伊波勤菩薩。菩薩謂觀世音於此土有緣，乃命誦《法華經》中之《觀世音菩薩普門品》，其病即除。由是《普門品》別行於河西，名曰《觀世音經》，省曰《觀音經》。數年積疑，一旦豁然。亟取《法華經·普門品》重讀之，知此經珠沈玉錮者久矣。乃爲之詳考其字句徵驗，出於某經某書。窮日夜力，屏他務，爲之箋註。二旬始脱稿，使孤行於世，以便世之欲讀是經而未得者，庶幾不失早歲求讀是經之初衷也。

考《法華經》共有三譯本：最初者爲晋永康中竺法護者譯，名《正法華經》；其次爲東晋隆安中姚秦鳩摩羅什譯，名《妙法蓮華經》；其三爲隋闍那、笈多譯，名與秦譯同。今所最通行者爲秦譯本，然隋譯本與秦譯本亦互有詳畧。即以《普門品》言之，晋、秦二譯本，其後半皆無五言之長偈，此偈惟隋譯有之。今通行之秦譯本，後人已將隋譯之偈補入，惜未注明耳。今此經後之五言長偈，蓋隋譯也。

顔之推謂觀天下書未遍，不得妄下雌黄。校讎如此，何况註經？吾之發願註經，頗欲傚法李善。善之註《文選》，如《頭陀寺碑》一篇，三藏十二部，如瓶瀉水。《觀音經》正文僅二千六百餘字，其註皆餖飣，拾取類書讕語，雖多亦奚以爲？曾足當《頭陀寺碑》註之九牛一毛乎？註畢，爲之憮然者久之。

此經文句雖極淺顯，而效用已同密語，作真言宗之陀羅尼讀可也。讀之久久，其福德不可思議，其果報亦不可思議。謂余不信，試讀《觀世音經靈異記》。

客有問余者曰：「觀世音菩薩，其本身爲男子乎，抑婦人乎？」答之曰：元大德丙午歲，趙魏公管夫人書刊《觀世音菩薩傳畧》，謂菩薩爲妙莊王第三女，名妙善。蓋元僧所述也。然元僧亦有所本。考《編年通論》十，南山道宣律師嘗問天神觀音大師緣起，天神對曰：「往昔過去劫，有主曰莊嚴，夫人曰寶應，生三女，長曰妙顔，仲曰妙音，季曰妙善，乃至現千手千眼聖像。」按妙善公主即後之觀世音也。《從容録》四，嘗見一説，大悲昔爲妙善公主，乃天神爲宣律師説。又考《北齊書・徐之才傳》云：「武成初，見空中有五色物，稍近，變成一美婦人，身長數丈，亭亭而立。食頃，變爲觀世音。」是女身也。《隋書》《北史・王劭傳》並云，隋文皇獨孤皇后秘記，言是妙善菩薩，即妙莊第三女妙善，故秘記以之比况皇后。是隋時已有此言，亦女身也。《法苑珠林》云：「齊建元元年，彭子喬繫獄，誦《觀世音經》，有鶴下至子喬邊時，復覺爲美麗人，子喬雙械自脱。」是亦女身也。唐太宗長孫皇后，小字觀音婢，是觀音亦女身也。《北夢瑣言》：「唐懿宗喪同昌公主，見左軍觀音像陷地四尺，左右言陛下中國之天子，菩薩即邊土之道人。」意指公主爲觀音示身，亦是女身。《夷堅志》丙集董性之母，癸集許洄妻，見觀世音皆婦人。以上各説，皆以觀世音爲女身也。秦譯《維摩詰所説經・不二法門品》有不眴菩薩，菩薩即觀音也。梁曇無懺譯《悲華經》云：「過去散提嵐界，善持劫中時，有佛出，名曰寶藏。有轉輪王，名無量淨。第一太子名曰不眴，發菩提心：『衆生念我，天耳天眼聞見，不免苦者，我終不成無上菩提。』寶藏佛言：『汝觀一切衆生，欲斷衆苦，故今字汝爲觀世音。』」劉宋曇謨竭譯《觀世音得大勢受記經》云：「昔於金光師子遊戲如來國，彼國之中，無有女人，王名威德，於園中入三昧。左右二蓮花，化生二子。左名寶意，即是觀世音。右名寶尚，即是得大勢。觀世音爲普光功德山王如來，得大勢爲善住功德寶王如來。」據此二經，觀世音菩薩出世，不作女身。明胡應麟《少室山房筆叢》卷四十：「今塑畫觀音像，無不作婦人者，蓋菩薩相端靚妍麗，文殊、普賢悉爾，不特觀世音也。至冠飾以婦人之服，則前此未聞。考《宣和畫譜》，唐宋名手寫觀音像極多，俱不云婦人服。李廌、董逌畫跋所載諸觀音像亦然。則婦人之像，當自近代始。蓋因大士有化身之説，而閨閣多崇奉者，展轉流傳，遂致稱謂皆譌。若塑像勢不能久，前代無從證訂。固然《太平廣記》載一仕宦妻爲神攝，因作觀音像。其妻尋夢一僧，救之得甦。則唐以前塑像，不作婦人也。」又曰：「晉義熙十一年，太原郭宣、蜀郡文處茂，先與梁州刺史楊收敬爲友。收敬有罪下獄，宣與處茂同被桎梏。念觀世音，十日後，夜夢一菩薩慰諭之，告以大命無憂。俄而鎖械自脱。又宋張興妻繫獄，晝夜祈念《觀世音經》。十日許，夜夢一沙門，以足躡之曰：『咄咄，可起。』妻即驚起，鉗鎖桎梏俱解。然閉户警防，無由得出，乃却自械。又夢向沙門曰：『鎖已開矣。』妻遂馳出。又，王球在獄，至心念觀音，夜夢昇高座見一沙門，以一卷經與之，題名『光明』，又見一車輪，沙門曰：『此五道門也。』既覺，鎖皆斷脱。又，苻秦畢覽，東平人，少奉法，隨慕容垂北征，没虜，單馬逃竄，虜騎追將及，覽至心誦念觀世音。既得免脱，入山，迷惑失道，又專心持念，中夜見一道人，法服持錫，示以途徑，安然至家。又晉興寧中沙門法義得病，惟歸誠觀世音，如此數日。晝眠，夢見一道人來，候其病因，爲治之，刳出腸胃，洗滌畢，還納之。夢覺，衆患豁然。經云：『或現沙門梵志之象。』意者義公夢其是乎？又東魏孫敬德亦夢沙門，令念《觀音經》，臨刑刀折爲三。此類甚衆，竟無一夢見婦人者，當時像可推矣。」以上各說，皆以觀世音爲男子也。

余以爲管夫人所云之妙善，乃觀音之前生，其本身則男子耳。人有見其爲女形者，皆菩薩之化身也。故《楞嚴經》第六云：「觀世音尊者白佛言：『若有女人好學出家，我於彼前見比丘尼身、女王身、國王夫人身、命婦身、大家童女身，而爲說法。』」《妙法蓮華經·觀世音菩薩普門品》云：「佛言觀世音見比丘尼身、優婆夷身、長者居士宰官婆羅門婦女身、童男童女身，而爲說法。」陳徐陵《東陽雙林寺傅大士碑》引《停水經》云：「觀世音菩薩有五百身在此閻浮提地，示同凡品，教化衆生。彌勒菩薩亦有五百身在閻浮提，種種示現，利益衆生。」此皆觀音化身之確證也。

客問：「觀音有千手千眼，及十一面、二面四手、四面八手等，願聞其畧。」答曰：《大悲心陀羅尼經》云：「菩薩言：『昔千光王静住如來爲我説咒，我於是時始住初地超第八地，乃至身生千手千眼。』」其言神幻，無由指實。周有耶舍崛多譯《十一面觀世音神咒經》，唐有玄奘譯《十一面觀世音神咒心經》，不空譯《十一面觀自在菩薩心密言》《念誦儀軌經》，菩提流志譯《千手千眼觀世音菩薩姥陀羅尼身經》，智通譯《千眼千臂觀世音菩薩陀羅尼神咒經》，伽梵達摩譯《千手千眼觀世音菩薩廣大圓滿大悲心陀羅尼經》，不空譯《金剛頂瑜珈千手千眼觀自在菩薩修行儀軌經》。《楞嚴經》卷六至云：「現八萬四千爍迦羅首、母陀羅臂、清淨寶目。」按《梁書·扶南傳》云：「俗事天神以銅爲像，二面者四手，四面者八手，手各有所持，或小兒，或鳥獸，或日月。」梁時扶南多進佛說，此天神即觀世音。觀世音本慈氏教也。宋胡寅《龍王山慈雲寺佛殿記》云：「湘潭隱山大禪寺，嘗有住僧創意徙佛右廡，改殿爲閣，刻木像高三丈，爲千手觀世音。」

客問白衣觀音之大畧。答曰：白衣者，《清淨觀世音菩薩普賢陀羅尼經》云：「若造像，觀音坐華屋，著五色衣，胡跪合掌，面向佛看，聽佛說法。下作毗陀天女，互跪坐，手奉花冠，著白衣，上向菩薩。」《佛說大方廣曼殊室利經·觀自在菩薩受記品》云：「觀自在菩薩，從右目瞳放光，流出妙女，禮觀自在，持青蓮花，瞻仰而住。」此即白衣及童子拜觀音之所由起。《咸淳臨安志》云：「晋天福四年，得奇木刻觀音大士像。錢忠懿王夢白衣人求治其居，王感悟，即其地建天竺看經院。」白衣本毗陀天女，而俗人名爲白衣觀音。洪皓《松漠紀聞》云：「長白山蓋爲白衣觀音所居。」則其說始五季。

客問普陀落伽山觀音之大畧。答曰：《寧波府志》云：「東海梅岑山，即普陀落伽山，上有寶陀寺。唐時日本僧慧諤，留五臺觀音瑞像於此。」宋郭象《睽車志》云：「紹興時，四明巨商泛海十餘日，抵一山，飯僧，得丹竹一莖。前至一國，有老叟見其竹曰：『補陀落伽山觀音坐後旃檀林紫竹也。』後遂於此立刹，亦謂之南海。」此外又有補陀落伽山三處：一在額納特珂克海中，一在西藏今布達拉山，一在廣東南海。宋丁謂《朱崖》詩云：「且作觀音菩薩看，海邊孤絶寶陀山。」由隋唐西僧多從此道歸中國也。

客問魚籃觀音之大畧。答曰：魚籃觀音，則由俗人譌傳。佛說七月十五日，救面然餓鬼。面然者，觀音變相，以附目連。《盂蘭盆經》：「盂蘭盆者，正言盂蘭婆那，言救餓如解倒懸。」而俗譌魚籃觀音。《感應傳》言：「唐元和十二年，出陜右金沙灘，美女子持籃賣魚，即鎖骨菩薩。」唐阿謗瞿多譯《佛説陀羅尼集經》有《觀世音部》，有《馬頭觀世音菩薩法印咒品》。宋僧壽涯題魚籃觀音，至云「馬郎納敗，還盡幾多菩薩債」，此大妄也。

又有所謂三十三觀音者，如楊柳觀音、龍頭觀音、持經觀音、圓光觀音、遊戲觀音、白衣觀音、蓮卧觀音、瀧見觀音、施藥觀音、魚籃觀音、德王觀音、水月觀音、一葉觀音、青頸觀音、威德觀音、延命觀音、衆寶觀音、岩户觀音、能静觀音、阿耨觀音、阿麽提觀音、葉衣觀音、琉璃觀音、多羅尊觀音、蛤蜊觀音、六時觀音、普慈觀音、馬郎婦觀音、合掌觀音、一如觀音、不二觀音、持蓮觀音、灑水觀音是也。

觀世音經靈異記

無錫丁福保仲祜編纂

通州張季直先生，禱於觀音大士而得嗣，又手寫《觀世音經》及造觀世音像，以報佛恩，因撰《狼山觀音造像記》以記其事，謹録左方，以諗愛讀《觀世音經》者。

江淮男子張謇，昔年四十，未有嗣胤。先室徐夫人既爲置箠，又師古禖祀，歲二三月必齋祓禱於狼山之觀音巖，祈必有報。命祝，若曰：「報佛恩者，寫經造像。」前清光緒二十六年正月，謇年四十有六，舉男子子。前夕，先室夢媪綳兒授之曰：「以乞女歡喜承受。」媪失而寤。周晬，謇寫《觀世音經》一卷，裝送巖寺，畀僧藏弆。造像未暇，而先室奄化。顧佛恩未報，信心未沫。明年癸丑，兒子十六，及成人之歲矣。乃造觀世音菩薩像一軀，位巖之巔，覆以鐵亭，扆以竹柏，敬系以銘，用敷崇感。銘曰：

狄禖降氒，尼禱徵麟。山川溯古，孕琦育渟。自佛出世，道彌大垠。有山之秀，有佛之神。

其一

江海天闕，狼爲砥柱。南望伽陀，縱葦可渡。大士聲聞，潮音處處。白衣翩躚，或嘗錫駐。

其二

佛無住相，而通他心。釋戚佑善，慈悲所任。瞿息決聖，陵誕來曇。爰通靈貺，爰荷深恩。

其三

律律者巖，百尺崒起。平滿有相，臨虚而示。林翠西翼，海艘東被。肸蠁贊聲，恒沙世紀。

其四

民國元年十二月

《古今圖書集成·佛經部紀事》載誦念《觀音經》之靈異頗夥，余以太半録入經文下之箋註内，以少半附録左方，爲讀此經者之勸焉。

《梁書·劉霽傳》：「霽母明氏寢疾，霽年已五十，夜不解帶者七旬，誦《觀世音經》，數至萬遍。夜因感夢見一僧，謂曰：『夫人算盡，君精誠篤至，當相爲申延。』後六十餘日乃亡。」

《法華持驗》：「隋益州招提寺釋慧恭，與同學僧慧遠結契。後游荆揚，訪道而歸，契闊三十年，夜話次，遠語如流，師默無所對。遠曰：『仁者無所得耶？』師曰：『性闇無解。』遠曰：『何不誦一經乎？』師曰：『惟誦《法華·普門品》一卷，當爲誦之，但至心聽。』乃結壇升高座，始發聲唱經題，覺有香氣。久之，聞天樂振空，雨花零亂，經久方歇。遠敬禮謝之。」

《觀音持驗》：「宋張孝純有孫五歲，不能行。或告之曰：『頃淮甸間一農夫，病腿足甚久，但日持觀世音名號不輟，遂感觀音示現，因留四句偈曰：「大智發于心，于心無所尋。成就一切義，無古亦無今。」農夫誦偈滿百日，痼病頓愈。』孝純遂教其孫及乳母，齋戒持誦，三月而步武如常兒。患腿足者，誦之皆驗。」

《觀音持驗》：「元陶氏十六娘，常熟徐村人。年二十六，寡居無子，願生淨土，恒視念《觀音普門品》。忽夢白衣人手挈白蓮花一朵，與食之。覺後，心神頗異。嗣裝一小閣西向，誦《彌陀經》。念佛甫三年，見佛現光明，經函上有火團如彈子大，氏恐燒經，手撲之，乃得舍利一顆。終時化佛來迎，别衆而去。」

《觀音持驗》：「明温州醫僧法程，字無枉。少瞽，百端治之，不愈。但晝夜誦觀世音名號，如是十五年，夢中聞菩薩呼之使前，若有物縶其足，不可動。菩薩歎曰：『汝前世爲灸師，誤損人眼，今生當受此報。吾憐汝誠心，當使衣食豐足。』遂探懷中掬寶珠滿手，與之。既寤，醫道大行，衣鉢甚富，後享高壽。」

《觀音持驗》：「明崇禎戊寅，揚州僧垂髻北游，道經宿遷，偶患脅痛，四醫不能治，展轉號呼，不飲食者三十餘日。一晚，友人謂曰：『汝平日講演經論，每勸人稱念觀世音可以救苦。今染此篤疾，何不皈命大悲，以求自度？』髻昏憒間，聞言有省，急命具香燭，高聲持觀世音不絶口。至四更，聲忽寂然。驚謂氣絶矣，啓門視之，髻正鼾睡。午後，忽呼曰：『我飢甚，速爲具飯。』食畢，即能起行。衆驚問：『何能得愈？』髻曰：『我初稱名時，痛如刀割。久之，空中忽現祥雲，見觀音以瓶中甘露，灌我頂門，清涼沁骨，汗流如水，因而熟寐，已霍然矣。』衆咸合掌讚歎，菩薩之應如是。」

余見《圖書集成》中所引《法苑珠林》，尚多漏畧，因將《法苑珠林》第十七卷《觀音部》，凡《圖書集成》及《箋註》所未引者，補録如左。

秦畢覽，東平人也。少奉法，隨慕容垂北征，没虜。單馬逃竄，虜追騎將及，覽至心誦念觀世音，既得免脱。因入深山，迷惑失道，又專心歸念，中夜見一道人，法服持錫，示以途徑，遂得還路，安隱至家。

晋始寧山有竺法義，晋興寧中沙門。遊刃衆典，尤善《法華》，受業弟子常有百餘。至咸安二年，忽感心氣疾病，常存念觀世音，乃夢見一人，破腹洗腸，寤便病愈。傅亮每云：「吾先君與義公游處，而聞説觀世音神異，莫不大小肅然矣。」

晋郭宣之，太原人也。義熙四年，爲楊思平梁州府司馬。楊以輒害范元之等被法，宣亦同執在獄，唯一心歸向觀世音菩薩。後夕將眠之際，忽親覩菩薩光明照獄。宣瞻覲禮拜，祈請誓讀，久之乃没。俄而宣之獨被恩赦，既釋，依所見形製造圖像，又立精舍。

晋潘道秀，吴郡人。年二十餘，爲軍糾主，因隨北征。既而軍小失利，秀竄逸被掠。經數處作奴，俘虜異域，欲歸無因。少信佛法，恒至心念觀世音，每夢寐輒見。後既南奔，迷不知道，於窮山中，忽覩真形，如今形像，因作禮。禮竟，豁然不覺失之，乃得還路，遂歸本土。後精進彌篤，年垂六十而亡。

晉欒苟，不知何許人也。少奉法，嘗作福富平令。先從征盧循，值小失利，舫遭火垂盡，賊亦交逼，正在中江，風浪駭目。苟恐怖分盡，猶誦念觀世音。俄見江中有一人，挺然孤立，腰與水齊。苟心知祈念有感，火賊已切，便投水就之。身既浮涌，脚似履地。尋而大軍遣舩迎接敗者，遂得免濟。

晉南公子敖，始平人也。戍新平城，爲佛佛虜兒長樂公所破，合城數千人，皆被誅害。子敖雖分必死，而猶至心念觀世音。既而次至子敖，群刃交下，或高或僻，持刀之人或疲懈，四支不隨。爾時長樂公親自臨刑，驚問之，子敖聊爾答云：「能作馬鞍。」乃令原釋。子敖亦不知所以作此言。時後遂得遁逸。造小形像，貯以香函，行則頂戴也。

晉孫道德，益州人也。奉道祭酒，年過五十，未有子息。居近精舍，景平中，沙門謂德，必願有兒，當至心禮誦《觀世音經》，此可冀也。德遂罷，不事道，單心投誠歸觀世音。少日之中，而有夢應，婦即有孕，遂以産男也。

晉劉度，平原遼城人也。鄉里有一千餘家，並奉大法，造立形像，供養僧尼。值虜主木末時，此縣嘗有逋逃，未大怒欲盡滅一城。衆並凶懼，分必彌盡。度乃潔誠率衆歸命觀世音。頃之，未見物從空中下繞其所住屋柱，驚視，乃《觀世音經》。使人讀之，未大歡喜，用省刑戮。於是此城即得免害。

魏常山衡唐精舍釋道泰，元魏末人，夢人謂曰：「爾至某年，當終於四十二矣。」泰寤，懼之。及至其年遇病，甚憂，悉以身資爲福。有友人曰：「余聞供養六十二億菩薩，與一稱觀音，福同無異。君何不至心歸依，可必增壽。」泰乃感悟，遂四日四夜專精不絕，所坐帷下，忽見光明從户外而入，見觀音足趺，踝間金色朗照，語泰曰：「汝念觀世音耶？」比泰褰帷頃，便不復見。悲喜流汗，便覺體輕，所患悉愈。聖力所加，後終延年。

觀世音經箋註

《觀世音經》者，即《妙華蓮華經》第七卷之《觀世音菩薩普門品》。〇昔伊波勤菩薩遊化葱嶺，來至河西，河西王沮渠蒙遜歸命正法，兼有疾患，以告菩薩。菩薩云：「觀世音於此土有緣。」乃令誦念《法華經》中之《觀世音菩薩普門品》，王之病苦即除。因此《普門品》別行於世，稱曰《觀世音經》。此說出《法華經傳記》一。

姚秦三藏法師鳩摩羅什譯

無錫丁福保仲祜箋註

十六國時，姚萇建朝號曰秦，故曰姚秦。〇經、律、論三者包藏在內，曰三藏。經說定學，律說戒學，論說慧學。通曉此三藏之學之翻譯師，稱曰三藏法師。〇鳩摩羅什，父中天竺人，母龜兹在今新疆國王女。鳩摩，華言童子；羅什，華言曰壽；合言曰童壽。以年少老成，故名。姚秦時，姚興迎入關，奉爲國師。

爾時，

爾者，此也，其也。言「爾時」者，說《妙音菩薩品》已竟之時也。《妙音菩薩品》在《普門品》前。

無盡意菩薩，

佛遊寶莊嚴堂，說《大集經》時，無盡意菩薩從東方不眴國之普賢如來處來，廣說八十無盡之法門，是爲《無盡意菩薩經》。〇若愚贊云：「世間無邊塵擾擾，衆生無數業忙忙。愛河無底浪滔滔，是故我名無盡意。」

即從座起，

諸佛以蓮華爲座，或以師子爲座，皆結跏趺坐於其上。

偏袒右肩，

掛袈裟而偏袒右肩，是比丘表恭敬於尊者之相也。

合掌向佛，

合左右掌，合十指，表吾心專一之敬禮法。中國以拱手爲敬，印度以合掌爲敬。○《觀音義疏》：「合掌者，此方以拱手爲恭，外國以合手爲敬。手本二邊，今合爲一，表不敢散誕，專主一心，一心相當，故以此表敬也。」○《法苑珠林》：「律云當令一心合十指爪掌，供養釋師子。或云叉手白佛言者，皆是斂容呈恭，制心不令馳散。然心使難防，故制掌合一心也。」

而作是言：

佛經中之「是」字，皆指下文而言，如「作是思維」、「如是我聞」等，皆同此例。

「世尊，

世尊爲佛十號之一，詳後註。無盡意菩薩稱佛名而問之。

觀世音菩薩，

舊譯「光世音」，省文作「觀音」。顯教以觀音爲阿彌陀之弟子，密教以觀音爲阿彌陀之化身。○觀音與大勢至菩薩，在阿彌陀佛之左右，共贊教化，故稱彌陀之二脅士。〇《千手千眼大悲心陀羅尼經》：「觀世音菩薩，不可思議威神之力，已於過去無量劫中，已作佛竟，號正法明如來。大悲願力，安樂衆生故，現作菩薩。」〇《觀音三昧經》：「觀音在我前成佛，名正法明如來，我爲苦行弟子。」我即釋迦如來也。〇《悲華經》云：「過去散提嵐界，善持劫中，時有佛，名曰寶藏。有轉輪王，名無量淨。第一太子三月供佛齋僧，發菩提心：『若有衆生，受三途等苦惱，凡能念我稱我名字，爲我天眼天耳聞見，不免苦者，我終不成菩提。』寶藏佛云：『汝觀一切衆生欲斷衆苦，故今字汝爲觀世音。』」〇《楞嚴經》菩薩自陳云：「由我供養觀音如來古觀音，蒙彼如來，授我如幻聞熏聞修金剛三昧，成就三十二應、十四無畏、四不思議。彼佛如來，歎我善得圓通法門，於大會中，授記我爲觀世音號。」

以何因緣，

《維摩經·佛國品》註：「什曰：『力强爲因，力弱爲緣。』肇曰：『前後相生，因也；現相助成，緣也。諸法要因緣相假，然後成立。』」《止觀》五下：「招果爲因，緣名緣由。」例如種子，因也；雨露農夫等，緣也。因緣和合而生米。

名觀世音？」佛告無盡意菩薩：「善男子，

無論在家、出家，凡信佛奉法之男子女子，佛皆讚美之，呼曰善男子、善女人。

若有無量百千萬億衆生，

《攝大乘論》八：「不可以譬類得知爲無量。」〇無量之百千萬億，極言其數之多也。〇《中阿含》十二：

「劫初光音天，下生世間，無男女尊卑，衆共生世，故言衆生。」○《大乘義章》六：「依於五陰和合而生，故名衆生。」○《般若燈論》：「有情者數數生，故名衆生。」○《俱舍光記》一上：「受衆多生死，故名衆生。夫生必死，言生可以攝死，故言衆生。死不必生，如入涅槃，故不言衆死。」

受諸苦惱，

衆生在生死海中，所受之苦惱最多。○《無量壽經》下：「貪恚愚癡苦惱之患。」

聞是觀世音菩薩，

衆生聞此觀世音菩薩。

一心稱名，

《止觀》四下：「一心者，修此法時，一心專志，更不餘緣。」○《探玄記》三：「一心者，心無異念故。」○一心稱名者，專心誦念「南無觀世音菩薩」七字也。○《請觀音經》曰：「若欲誦之，應當持齋，不飲酒，不噉肉，以灰塗身，澡浴清淨。不食興渠，五辛能葷，悉不食之。婦人穢污，皆悉不往。常念十方佛及七佛世尊，一心稱觀世音菩薩，誦持此咒。」

觀世音菩薩即時觀其音聲，

入於耳根者爲音聲，此指稱名之音聲而言。然不曰聞，不曰聽，而曰觀者，蓋以六根互用之故。○《涅槃經》：「如來一根，則能見色聞聲嗅香別味知法，一根現爾，餘根亦然。」○《法華論》：「六根清淨者，於六根中悉能具足見色聞聲辨香別味覺觸知法等，諸根互用應知。」○《楞嚴經》四：「不由前塵所起知見，明不循根。寄根明發，由是六根互相爲用。阿難，汝豈不知？今此會中，阿那律陀無目而見，跋難陀龍無耳而聽，殑河神女非鼻而聞香，驕梵鉢提異舌知味，舜若多神無身覺觸，摩訶迦葉久滅意根，圓明了知，不因心念。」○《楞嚴經》六：「由我不自觀音，以觀觀者。言不自觀其音而觀衆生之自觀其音者。令彼十方苦惱衆生，觀其音聲，即得解脱。」

皆得解脱。

解脱衆生所受諸苦惱。○《法華大成》：「云何一時令得解脱？答：『喻如父母，念子心重，多智多財，具大勢力，衆子在難，即能俱救。菩薩亦如是，無緣慈悲重，權實二智深。聖財無量，神通力大。十界雖多，應有餘裕。』」○《法華通義》：「菩薩下與六道衆生同一悲仰，是從觀自性圓通，則與一切衆生，性皆平等。是則衆生，乃菩薩心中之衆生也。故衆生之苦，即菩薩之苦。若衆生之苦惱音聲以感激之，則菩薩觀聲寂滅，頓入法性，神力加之，則衆生之苦，不期脱而自脱矣。」

若有持是觀世音菩薩名者，設入大火，火不能燒，

《法華經·藥王品》：「所得福德，無量無邊，火不能燒，水不能漂。」○《楞嚴經》六：「知見旋復，令諸衆生，設入大火，火不能燒。」○《法苑珠林》十七：「晉沙門釋法智，爲白衣時，嘗獨行至大澤中，忽遇猛火，四方俱起，走路已絶。便至心禮誦觀世音，俄然火過，一澤之草，無有遺莖者，唯智所處，容身不燒。於是始乃敬奉大法。」

由是菩薩威神力故。

是，代名詞，代「觀世音」三字。〇威勢勇猛而不可測，曰威神。〇《勝鬘寶窟》中本：「外使物畏，目之爲威。内難測度，稱之曰神。」〇《無量壽經》下：「無量壽佛，威神功德，不可思議。」

若爲大水所漂，

漂，音飄。《説文》：「漂，浮也。」

稱其名號，即得淺處。

《楞嚴經》六：「觀聽旋復，令諸衆生，大水所漂，水不能溺。」〇《法苑珠林》十七：「晉沙門竺法純，山陰顯義寺主也。元興中起寺買材，路經湖道。材主是婦人，與同船俱行。既入湖，日暮暴風，波浪如山，船小水入，又與婦人同行，命在瞬息，乃一心誦《觀世音經》。時既入夜，行旅已絶，俄有大船流至，純即乘渡之，而此小船應時淪没。大船隨波鼓蕩，俄得達岸也。」

若有百千萬億衆生，爲求金、

黄金也。爲化學原質之一。

銀、

金屬，化學原質之一，色白，光澤甚美，古謂之白金。

琉璃、

新譯吠琉璃，又作遠山寶，青色之寶石也。〇玄應《音義》二十三：「琉璃，吠琉璃也，亦云毘琉璃，又言鞞頭梨。從山爲名，謂遠山寶也，遠山即須彌山也。此寶青色，一切寶皆不可壞。」〇慧琳《音義》一：「吠琉璃，寶名也，或云毘琉璃，或但云琉璃。須彌南是此寶也。其寶青色，瑩徹有光，凡物近之，皆同一色。帝釋髻珠，云是此寶。」

硨磲、

本作車渠，文蛤類之最大者，長徑三尺許，殼甚厚，内白色而光潤，外呈褐色，而有凹渠五條。切而磨之，則如白玉，可爲裝飾品，清時以爲頂珠。

瑪瑙、

石英類礦物，與玉髓同質，時有赤白灰各色相間，成平行層，多爲圓形，中心常空洞，水晶簇生其中，品類甚多。

珊瑚、

暖海中有一種圓筒形小蟲，結合營生，其所分泌之石灰質，即爲其共同之骨幹，形歧出如樹枝，故自昔稱珊瑚樹，實非樹也。其紅色者，前清時以爲帽頂及朝珠，又有白色及黑色者，多爲印章及扇墜之用。〇《名義集》三：「珊瑚，梵語鉢攞娑福羅。應法師云：『初一年青色，次年黄色，三年蟲食敗也。』《大論》云：『珊瑚出海中石樹。』」

琥珀、

礦物也。邃古松柏科植物之樹脂，埋入地中，歷久遂成此物，産南海及印度洋各島。色黄或褐，透明，中含昆蟲木皮之類，磨擦之能發電，入火則燃，有一種香氣。紅者曰血珀，黄而明瑩者曰蠟珀，可製飾物。○梵語阿濕摩揭婆。

真珠

蚌及珠母所生之珠也，色白如銀，發五色光彩，圓者尤極珍貴。

等寶，

《法華經・授記品》：「金、銀、琉璃、硨磲、瑪瑙、真珠、玫瑰七寶合成。」○《智度論》十：「有七種寶，金、銀、毘琉璃、頗梨、車磲、瑪瑙、赤真珠。」

入於大海，

《楚辭・大招》：「東有大海，弱水漖漖只。」

假使黑風

天海晦冥時之暴風，謂黑風。○羅什譯《仁王經》下：「黑風、赤風、青風、天風、地風、火風、水風。」○《長阿含經》二十一：「有大黑風，暴吹海水。」

吹其船舫，

《爾雅・釋言》：「舫，舟也。」註：「並兩船。」《史記・張儀傳》：「舫船載卒，一舫載五十人。」註：「舫音方，謂並兩船也。」

飄墮羅刹鬼國，

慧琳《音義》二十五：「羅刹，此云惡鬼也，食人血肉，或飛空，或地行，捷疾可畏也。」〇羅刹國，食人鬼之住處，在大海之中。〇《西域記》十一：「僧伽羅國，佛法所記則曰，此寶洲大鐵城中，五百羅刹女之所居也。」〇《大藏一覽》引《統要》云：「唐州紫玉山道通祖師，因于頔丞相問：『如何是黑風吹其船舫，漂墮羅刹鬼國？』師云：『于頔這漢，問汝麼事作麼？』于當時失色，師云：『祇這個便是漂墮羅刹鬼國也。』于聞已，信受。」〇真西山曰：「昔唐李文公，問藥山禪師曰：『如何是黑風吹船，飄落鬼國？』師曰：『李翺小子，問此何爲？』文公怒形於色。師笑曰：『發此嗔恚心，便是黑風吹船，飄入鬼國也。』呀，藥山可謂善啓發人矣。」

其中若有乃至一人，

「乃至」解説有二：一爲超越中間之辭，一示最少之語。此處作爲最少解。

稱觀世音菩薩名者，是諸人等，皆得解脱羅刹之難。

《楞嚴經》六：「斷滅妄想，心無殺害，令諸衆生，入諸鬼國，鬼不能害。」〇《法苑珠林》：「宋沙門竺惠慶，廣陵人也。經行修明。元嘉十二年，荆揚大水，惠慶將入廬山，船至江，而暴風忽起。同旅已得依浦，唯惠慶船飄颺江中，風急浪湧，唯待淪覆。惠慶正心端意，誦《觀世音經》。洲際之人，望見其船迎飈截流，如有數十人牽挽之者，徑到其岸，一舫全濟。」〇《觀音持驗》：「明劉谷賢，黄州人，隸虎賁左衛軍。嘗從太監鄭和使海外諸番國，舟經大海洋，劉忽失脚墮水，時風帆迅駛，不可救援。和令人升桅竿望之，遥見一人，隱隱出没波濤中，相去數十里，咸謂無復生理。須臾，劉追及舟，舟中人大喜，速以物引上。見大魚長丈餘，悠悠然而去，人皆異之。劉曰：『此魚載我至此，將没者數次，魚輒以鬐鬣負起，故水不入口。』舟中人問：『爾平生有何善果，致得此報？』劉云：『但念《觀音經》耳。』」

以是因緣，名觀世音。若復有人，臨當被害，稱觀世音菩薩名者，彼所執刀杖，尋段段壞，而得解脱。

尋，旋也。《晉書》：「傾覆亦尋至。」○《楞嚴經》六：「六根銷復，同於聲聽。能令衆生，臨當被害，刀段段壞。使其兵戈，猶如割水，亦如吹光，性無摇動。」○《法華大成》：「問：『先王制法，用以懲惡，陰有地獄，陽有囹圄，人神所共用者。若救無辜，理或容矣。釋有罪者，縱惡壞紀，豈聖心乎？』答：『妙哉問也。魯斯大眚，聖人善莊公之補過；唐禁笞背，君子美太宗之仁恕。未聞議其傷於名教。好生之仁，天下所同。何疑大士恤刑之慈乎？』傳云：『蓋護，山陰人，有罪，判決，繫獄應死。三日三夜，稱名無間，忽見觀音放光照之，鎖脱門開，尋光而去。行二十里，光乃息。』」○《法苑珠林》：「宋慧和沙門者，京師衆造寺僧也。元嘉之難，和猶爲白衣，屬劉胡部下。胡常遣將士數人作諜東下，和亦預行。行至鵲渚，而值臺軍西上，諜衆離散，各逃草澤。和得竄下，至新林，見野老衣服縷蔽，和乃以貌整袴褶易其衣，提籃負擔，若類田人。時諸遊軍捕此散諜，視和形色，疑而問之。和對答謬略，因被笞掠，登時見斬。和自散走，便恒誦念《觀世音經》，至將斬時，祈懇彌至。既而軍人揮刃屢跌，三舉三折，並驚而釋之。和於是出家，遂成精業。」

若三千大千國土，

以須彌山爲中心，七山八海互繞之，更以鐵圍山爲外郭，是爲一小世界。合此小世界一千，爲小千世界。合此小千世界一千，爲中千世界。合此中千世界一千，爲大千世界。大千世界之數量，即内含十億小世界也。大千世界之上有三千者，示此大千世界，成自小千、中千、大千，三種之千，内容即一大千世界也。

○一切有情之住處，名國土。

滿中夜叉、羅刹，

夜叉與羅刹，皆爲惡鬼之總名。夜叉譯曰捷疾鬼，羅刹譯曰暴惡鬼。○夜叉與羅刹，滿三千大千國土中，極言其多也。

欲來惱人，聞其稱觀世音菩薩名者，是諸惡鬼，尚不能以惡眼視之，

《楞嚴經》六："聞熏精明，明遍法界，則諸幽暗，性不能全。能令衆生，藥叉羅刹、鳩槃荼鬼，及毗舍遮、富單那等，雖近其傍，目不能視。"

況復加害？設復有人，若有罪，若無罪，

《儀禮·士相見禮》疏："若者，不定之辭也。"

杻杻音丑械械音邂枷枷音加鎖，

在手曰杻。○在脚曰械。○以木加頸曰枷。○以鐵練體曰鎖。

檢繫其身，

以杻械枷鎖束縛其身，令不自在，故云「檢繫其身」。

稱觀世音菩薩名者，皆悉斷壞，即得解脱。

《楞嚴經》六：「音性圓銷，觀聽返入，離諸塵妄，能合衆生，禁繫枷鎖，所不能著。」○《晋書・苻丕載記》：「丕以徐義爲右丞相，兵敗，爲慕容永所獲，械埋其足，將殺之。義誦《觀世音經》，至夜中，土開械脱，於重禁之中，若有人導之者，遂奔楊佺期，佺期以爲洛陽令。」○《談藪》：「宋張暢常奉持《觀世音經》。南譙之搆逆也，暢不從，王欲害之，夜夢觀世音曰：『汝不可殺暢。』遂不敢害。及王敗，暢繫獄，誦《觀世音經》千遍，鏁寸寸斷，獄司易之，復斷，吏白，釋之。」○《法苑珠林》：「唐貞觀年中有河東董雄，爲大理寺丞，少來信敬蔬食。十年至十四年中，爲坐李仙童事，主上大怒，使侍御韋琮鞫問甚急，因禁數十人。大理丞李敬元、司直王欣同連此坐。雄與同屋囚鎖，專念《普門品》，日得三千遍，夜坐誦經，鎖忽自解落地。雄驚告欣、元，欣、元共視鎖堅全在地，而鈎鎖相離數尺，即告守者。其夜監察御史張守一宿直，命吏關鎖，以火燭之，見鎖不開而相離，甚怪。又重鎖，紙封書上而去。雄如常誦經，五更中，鎖又解落有聲，雄又告欣、元等。至明，告李敬元視之，封題如故，而鎖自相離。敬元素不信佛法，其妻讀經，常謂曰：『何爲胡神所媚而讀此書耶？』及見雄此事，乃深悟不信之咎，方知佛爲大聖也。時欣亦誦八菩薩名，滿三萬遍，鎖盡解落，雄異其事。臺中内外，具皆聞見，不久俱免。」○《法苑珠林》：「宋韓徽者，未詳何許人也。居於支江，其叔幼宗，宋末爲湘州府中兵。昇明元年，荆州刺史沈攸之舉兵東下，湘府長史庾佩玉阻甲自守，未知所赴，以幼宗猜貳，殺之，戮及妻孥。徽以兄子繫於郡獄，鐵木竟體，鉗梏甚嚴，須拷畢情黨，將悉誅滅。徽惶迫無計，待斬而已。徽本嘗事佛，頗諷讀觀世音，於是晝夜誦經，至數百遍，方晝而鎖忽自鳴，若燒炮石瓦爆咤之聲，已而視其鎖，鑵然自解。徽懼獄司謂其解截，遽呼告之，吏雖驚異，而猶更釘鍱。徽如常諷誦，又經一日，鎖復鳴，解狀如初。吏乃具告佩玉，玉取鎖詳視，服其通感，即免釋之。」○《法苑珠林》：「彭子喬者，益陽縣人也，任本郡主簿，事太守沈文龍。建元二年，以罪被繫。子喬少年嘗出家還俗，常諷誦《觀世音經》。時文龍盛怒，防械稍急，必欲殺之。子喬憂懼，無復餘計，唯至誠誦經百餘遍，疲而晝寢。同繫者有十許人，亦俱睡。有湘西縣吏杜道榮，亦繫在獄，乍寐不甚得熟，忽見有雙白鶴，集子喬雙械上。有頃，道榮起，見子喬雙械，脱在脚外，而械痕猶在焉。道榮驚視，子喬亦寤，共視械咨嗟。道榮問曰：『有所夢不？』答曰：『不夢。』道榮以所見説之，子喬雖知必已，尚慮獄家疑其欲叛，乃取械著之，經四五日而蒙釋放。」

若三千大千國土，滿中怨賊，

害人命、奪人財者，曰怨賊。○《維摩經·方便品》：「是身如毒蛇，如怨賊，如空聚。」○《佛遺教經》：「心之可畏，甚於毒蛇惡獸怨賊。」

有一商主，

商主，諸商人之主人。

將諸商人，

將，與也，偕也。

齎音蹟，持也持重寶，經過險路。其中一人，

《法華大成》：「險路者，或是曠絶幽隘之處，或是怨賊衝出之徑，皆名險路。」

作是唱言：

是，代名詞，指以下四十七字而言。

『諸善男子！勿得恐怖。汝等應當一心稱觀世音菩薩名號，是菩薩能以無畏施於衆生，

無畏施，爲三施之一。持戒之人，無殺害心，一切衆生遇之而無畏，名無畏施，即以無畏施於人也。〇《楞嚴經》六：「令諸衆生，於我身心，獲十四種無畏功德。」〇《大乘義章》十一末：「化心不怯，名爲無畏。」〇《法華經・方便品》：「無量無礙，力無所畏。」〇《無量壽經》上：「善學無畏之網，曉了幻化之法。」

汝等若稱名者，於此怨賊，當得解脱。』

《楞嚴經》：「滅音圓聞，遍生慈力，能令衆生，經過險路，賊不能劫。」

衆商人聞，俱發聲言：『南無觀世音菩薩。』

南無，或作南牟、歸命、敬禮、歸禮、救我、度我等。爲衆生向佛，至心歸依信順之語也。〇慧苑《音義》上：「南無，此云敬禮，又云南忙。」〇《義林章》四本：「古言南牟，即是敬禮，應言納莫，或納慕，若言伴

談，或云伴題。此云稽首，亦云禮拜，亦云敬禮，訛爲和南。」

稱其名故，即得解脱。

《法苑珠林》十七：「唐武德中，醴泉縣人徐善才，常修齋戒，誦《觀音經》逾千遍。會往京城延興寺，修營功德，及還家，道逢胡賊，賊所掠漢人千百，將向洪崖，次第殺之。善才知不免，唯至心念《觀音經》。當殺之時，了不自覺，至初夜方悟，身在深澗樹枝上，去岸三百餘尺。以手摩項，覺微痛而無傷。漸下樹，循澗南行，可五六十里，天漸曉，去賊已遠，得官路，遂還家。琬法師嘗説此事。」○《法華大成》：「傳云：晋隆安年間，僧慧達往北隴上掘甘草，被羌人所獲，閉於柵中。人多擇肥者先食，餘人食盡，唯達並一小兒，意來日食之。達竟夜稱名，至旦，羌來取食，忽一虎跳吼，諸羌散走，虎咬柵作穴而去，達將小兒逃走。」

無盡意，

佛呼無盡意菩薩之名而告之也。

觀世音菩薩摩訶薩，

摩訶薩，即摩訶薩埵之畧。○《智度論》五：「摩訶名大，薩埵名衆生，或名勇心。此人心能爲大事，不退不還大勇心，故爲摩訶薩埵。」○《智度論》四十五：「摩訶秦言大，薩埵秦言心，或言衆生，是衆生於世間諸衆生中第一最上，故名爲大。」○《法華》嘉祥疏：「摩訶薩埵者，摩訶言大。」○《十地論》云：「大有三種，願大、行大、度衆生大，薩埵言衆生，則大衆生也。」

威神之力，巍巍如是。

巍巍，高大之貌。《論語》：「巍巍乎，惟天爲大。」〇以上脱外難，以下浄内業。

若有衆生，多於淫欲，

《圓覺經》曰：「諸世界一切種性，卵生、胎生、濕生、化生，皆因淫欲而正性命。」〇《智度論》曰：「淫欲雖不惱衆生，心心繫縛，故爲大罪，故律中淫欲爲初。」〇《法華大成》：「淫欲多者，不擇禽獸，不避高墻，不顧德行。破國亡家，禍延其身。」

常念恭敬觀世音菩薩，

常念者，於晝夜二時，行住坐卧，常念而不忘也。

便得離欲。

《四十二章經》：「離欲寂静，是最爲勝。」〇《楞嚴經》六：「熏聞離塵，色所不劫，能令一切多淫衆生，遠離貪欲。」

若多瞋恚，

《法華大成》：「自忿爲恚，忿他爲瞋，瞋恚多者，人不喜見。」〇《大乘義章》五本：「忿怒爲瞋。」〇《遺教經》：「瞋心甚於猛火，常當防護，無令得入，劫功德賊無過瞋恚。」〇《決定毘尼經》：「寧起百千貪心，不起一瞋恚，以違害大慈，莫過此故。」〇《華嚴經》：「一念瞋心起，障百法明門。」

常念恭敬觀世音菩薩，便得離瞋。

《楞嚴經》六：「純音無塵，根境圓融，無對所對，能令一切忿恨衆生，離諸瞋恚。」

若多愚癡，

愚癡，心性闇昧，迷於事理也。一切煩惱，由此而起。〇《瑜伽論》曰：「癡異名者，亦名無智，亦名無見，亦名非現觀，亦名昏昧，亦名愚癡，亦名無明，亦名黑闇。」〇《華嚴大疏鈔》曰：「迷於四諦，皆曰愚癡。」按：四諦者，苦、集、滅、道也。〇《大乘義章》曰：「暗惑爲癡。」〇《俱舍論》曰：「癡者，所謂愚癡，即是無明。」〇《唯識論》曰：「諸煩惱生，必由癡故。」〇淫欲、瞋恚、愚癡，謂之三毒。

常念恭敬觀世音菩薩，便得離癡。

《楞嚴經》六：「銷塵旋明，法界身心，猶如琉璃，朗徹無礙，能令一切昏鈍性障諸阿顛迦，永離癡暗。」温陵釋曰：「癡由妄塵所蔽，無明所覆。銷塵則無蔽，旋明則無覆。故外之法界，内之身心，凝瑩朗徹，離癡暗矣。」

無盡意，

佛再呼無盡意菩薩之名而告之。

觀世音菩薩，有如是等大威神力，多所饒益，

淫欲、瞋恚、愚癡，一稱觀音之名即滅，故云「大威神力，多所饒益」。〇《楞嚴經》八：「善能利益一切衆

生，名饒益行。」疏：「如上隨順衆生，即是善能利益，始能歡喜生善，終能破惡入理，故名饒益。」

是故衆生，常應心念。

心念，心識之思念也。○《無量壽經》上：「衆生心念。」

若有女人，設欲求男，

求男，求子也。

禮拜供養觀世音菩薩，

《義林章》四本：「或云伴題，此云稽首，亦云禮拜。訛名和南。」已詳前註。○奉香華燈明飲食資財等，資養三寶，謂之供養。○《玄贊》二：「進財行以爲供，有所攝資爲養。」○《法華經・法師品》有十種供養：一、華，二、香，三、瓔珞，四、抹香，五、塗香，六、燒香，七、繒蓋幢幡，八、衣服，九、伎樂，十、合掌。

便生福德智慧之男，

一切之善行，名福德。又善行所得之福利，亦名福德。○《無量壽經》下：「福德自然。」○《大乘義章》九：「照見名智，解了稱慧。此二各別：知世諦者，名之爲智，照第一義者，説以爲慧；通則義齊。」○《法華經義疏》二：「經論之中，多説慧門鑒空，智門照有。」○《楞嚴經》六：「融形復聞，不動道場，涉入世間，不壞世界，能遍十方，供養微塵諸佛如來，各各佛邊爲法王子，能令法界無子衆生，欲求男者，誕生福德智慧之男。」○《異祥記》：「宋居士卞悦之，濟陰人也。行年五十，未有子息。婦爲取妾，復積載不孕。將祈求繼嗣，發願誦《觀音經》千遍，其數垂竟，妾即有娠，遂生一男。時即元嘉十四年也。」○《觀音持驗》：「元南京大寧坊王玉，年逾四十無子。至元二年乙丑，於友人馬公酎家神前，見《白衣觀音經》。問此經何來，馬云：『庚申春大軍南還，擄帶南人，止宿本家，遺下而去。』玉取專心持誦不怠。丁卯歲四月十四夜，岳母劉氏夢白衣人，頭戴金冠，携一童子來，曰：『吾與汝送聖奴來。』劉氏接抱，恍然而寤。明日巳時，妻張氏生一男，神氣聳秀，果有白衣之異，即名子曰聖僧奴。夫婦遂發願刊施五百卷，以酬抱送之恩。」

設欲求女，便生端正有相之女，

端正，端心正意也。○《無量壽經》下：「端心正意，不作衆惡，甚爲至極。」

宿植德本，

宿植，宿世植善根也。○《法華玄義》：「宿植淳厚者。」○德本，如言善根。德，善也。本，根也。爲諸善萬行之功德，佛果菩提之本者。《無量壽經》上：「消除諸漏，植衆德本。」

衆人愛敬。

《楞嚴經》六：「六根圓通，明照無二，含十方界，立大圓鏡，空如來藏，承順十方微塵如來，秘密法門，受領無失。能令法界無子衆生，欲求女者，誕生端正、福德柔順、衆人愛敬有相之女。」

無盡意，觀世音菩薩，有如是力。若有衆生，恭敬禮拜觀世音菩薩，福不唐捐。

唐捐，虚弃也。○《一切經音義》：「唐，徒也。徒，空也。《説文》：『捐，棄也。』」

是故衆生，皆應受持觀世音菩薩名號。

受，領受，以信力之故。持，憶持，以念力之故。受持爲《法華》五種法師行之一。○《勝鬘寶窟》上本：「始則領受，在心曰受。終則憶而不忘曰持。」

無盡意，若有人受持六十二億恒河沙菩薩名字，

今據前文「百千萬億衆生」之語，每位皆以十進，當作十萬爲億。○《瑜伽論畧纂》二：「西方有四種億：一、十萬爲億。二、百萬爲億。三、千萬爲億。四、萬萬爲億。」○《瑜伽論》八十七、《長阿含》十四《梵動經》、《仁王經》天台疏中，均載六十二見。○《唯識樞要》上本有六十二種有情。○《楞嚴經》有六十二恒河沙諸法王子，故六十二爲佛經中習用之語。○恒河沙，畧稱恒沙。恒河沙者，極言其數之多也。○《智度論》七：「問曰：『如閻浮提中，種種大河，亦有過恒河者，何故常言恒河沙等？』答曰：『恒河沙多，餘河不爾。復次，是恒河是佛生處，遊行處，弟子現見，故以爲喻。復次，諸人經書皆以恒河爲福德吉河，若入中洗者，諸罪垢惡，皆悉除盡。以人敬事此河，皆共識知，故以恒河沙爲喻。復次，餘河名字屢轉，此恒河世世不轉，以是故，以恒河沙爲喻，不取餘河。』」

復盡形供養飲食、衣服、卧具、醫藥，

飲食、衣服、卧具、湯藥，佛家謂之四事供養。

於汝意云何？是善男子，善女人，功德多不？」

不，未定之辭，與可否之否通。

無盡意言：「甚多，世尊。」佛言：「若復有人受持觀世音菩薩名號，乃至一時禮拜供養，

乃至一時，言雖少至一時。

是二人福，正等無異，

言二人之福，彼此相等無異，此即《楞嚴經》第十四無畏施也。○《楞嚴經》六：「此三千大千世界，百億日月，現住世間諸法王子，有六十二恒河沙數。修法垂範，教化衆生，隨順衆生，方便智慧，各各不同。由我所得圓通本根，發妙耳門，然後身心微妙含容，周遍法界。能令衆生持我名號，與彼共持六十二恒河沙諸法王子，二人福德，正等無異。世尊，我一名號，與彼衆多名號無異。」

於百千萬億劫，

劫，梵語劫簸之畧，不能以通常之年月日時計算之極長時節也。又譯稱大時。○《智度論》十八：「大時名劫。」○《釋迦譜》：「劫波，此土譯之名長時也。」

不可窮盡。無盡意，受持觀世音菩薩名號，得如是無量無邊

無量，註見前。○無邊，謂廣大無邊際也。○《起信論》：「虛空無邊，故世界無邊；世界無邊，故衆生無邊；衆生無邊，故心行差別亦復無邊。」

福德之利。」無盡意菩薩白佛言：「世尊，觀世音菩薩，云何遊此娑婆世界？

娑婆世界，一稱堪忍世界。此界衆生能忍惡，又諸菩薩教化之，忍受勞苦，故名堪忍世界。○《文句》二下：「娑婆，此翻忍。其土衆生安於十惡，不肯出離，從人名土，故稱爲忍。《悲華經》云：『云何名娑婆？是諸衆生，忍受三毒及諸煩惱，故名忍土。』」○《玄贊》二：「梵云索訶，此云堪忍。諸菩薩等，行利樂時，多諸怨嫉，衆苦逼惱，堪耐勞倦，而忍受故，因以爲名。娑婆者訛也。」○《長阿含經》云：「一日月行四天下，爲一世界。如是千日月、千須彌、千閻羅王、千忉利、千梵天，名爲小千；即數小千，至滿一千，名爲中千；即數中千，復滿一千，名爲大千。其中須彌山王，四洲日月，各有萬億，皆是一佛化境，號爲娑婆世界。」

云何而爲衆生説法？

觀音有三十二身、十九説法之化相。○《法華經》：「衆聖之王，説法教化。」○《法華玄義》六：「諸法不可示，言辭相寂滅，有因緣故亦可説。」

方便之力，

嘉祥《法華義疏》四：「衆生所緣之域爲方，如來適化之法稱便。」○《法華玄贊》三：「施爲可則曰方，善逗機宜曰便。方是方術，便謂穩便。便之法，名方便。」○《大集經》十一：「能調衆生，悉令趣向阿耨多羅三藐三菩提，是名方便。」○《觀世音大悲陀羅尼》：「南無大悲觀世音，願我早得善方便。」

其事云何？」

此問將顯三十二應之德也。

佛告無盡意菩薩：「善男子，若有國土衆生，

《楞嚴經》：「令我身成三十二應，入諸國土。」

應以佛身得度者，

以生死比海，涅槃比彼岸，超生死，到涅槃，謂之度。得度者，得渡生死之海也。○《無量壽經》下：「隨意所願，皆可得度。」○《增一阿含經》十四：「佛在菩提樹下初得佛，作是念：羅勒迦藍，諸根純熟，應先得度。」○《遺教經》：「應可度者，若天上人間，皆悉已度；其未度者，皆亦已作得度因緣。」

觀世音菩薩即現佛身而爲説法。

《楞嚴經》：「若諸菩薩，入三摩地，進修無漏，勝解現圓，我現佛身而爲説法，令其解脱。」

應以辟支佛身得度者，

辟支佛，譯言緣覺之義，或譯曰獨覺。辟支，因緣之義。佛者覺也。不逢佛世，獨自能悟，曰獨覺。觀十二因緣而覺悟之，故曰緣覺。○《大乘義章》曰：「言緣覺者，外國正音名辟支佛，此翻辟支，名曰因緣，佛名爲覺。」○《玄贊》曰：「樂獨善寂者，是獨覺義。出無佛世，得能證道，獨自善證寂滅理故。又以此慧，深知諸法因緣者，是緣覺義。」

即現辟支佛身而爲説法。

辟支佛分二類：一爲緣覺，一爲獨覺。○《楞嚴經》：「若諸有學，寂静妙明，勝妙現圓，我於彼前，現獨覺

身而爲説法，令其解脱。若諸有學斷十二緣，緣斷勝性，勝妙現圓，我於彼前，現緣覺身而爲説法，令其解脱。」

應以聲聞身得度者，

佛小乘法中之弟子，聞佛之聲教，悟四諦之理，斷見思之惑，而入涅槃者，謂之聲聞。是佛道中之最下根也。○《勝鬘寶窟》上末：「聲聞者，下根從教立名，聲者教也。」

即現聲聞身而爲説法。

《楞嚴經》六：「若諸有學，得四諦空，修道入滅，勝性現圓，我於彼前，現聲聞身而爲説法，令其解脱。」○以上現佛身、現辟支佛身、現聲聞身者，此現四聖之身也。不言菩薩身者，以已現故。

應以梵王身得度者，

梵王，大梵天王之異稱也，又爲色界之諸天總稱。○《法華經・方便品》：「諸梵王及諸天帝釋。」○《毘奈耶雜事》二十：「梵王捧傘，天帝持拂。」

即現梵王身而爲説法。

《楞嚴經》六：「若諸衆生，欲心明悟，不犯欲塵，欲身清淨，我於彼前，現梵王身而爲説法，令其解脱。」

應以帝釋身得度者，

忉利天，又名三十三天，四面各分八天，中央爲帝釋所居，即忉利天之主也。居須彌山頂之喜見城，統率三十三天者。

即現帝釋身而爲説法。

《楞嚴經》六：「若諸衆生，欲爲天主，統領諸天，我於彼前，以帝釋身而爲説法，令其成就。」

應以自在天身得度者，

自在天，欲界頂天，梵語提婆跋提，此云他化自在天。假他所作，以成己樂，即魔王也。或云六天之上，別有魔宫，亦自在天攝。

即現自在天身而爲説法。

《楞嚴經》六：「若諸衆生，欲身自在遊行十方，我於彼前，現自在天身而爲説法，令其成就。」

應以大自在天身得度者，

大自在，即色界頂摩醯首羅也，《華嚴》稱「色究竟」。《智論》云：「過淨居天，有十住菩薩，號大自在。」《十住經》云：「大自在天，光明勝一切衆生。涅槃獻供，大自在天最勝。」

即現大自在天身而爲説法。

《楞嚴經》六：「若諸衆生，欲身自在飛行虚空，我於彼前，現大自在天身而爲説法，令其成就。」

應以天大將軍身得度者，

天大將軍，即天帝所管將也，分住三十三天，各領鬼神，鎮護四方。

即現天大將軍身而爲説法。

《楞嚴經》六：「若諸衆生，愛統鬼神，救護國土，我於彼前，現天大將軍身而爲説法，令其成就。」

應以毘沙門身得度者，

毘沙門，爲四天王之一，住於須彌山之北腹，其神七寳莊嚴衣甲，其面形甚可畏，領夜叉、羅刹二鬼，使之惱人。○四天王爲帝釋之外將，在須彌山之半腹，有一山，名由揵陀羅。此山有四頭，四王各居之，名護世四天王。其所居，謂四王天，即六欲天之第一天處最初也。今但言毘沙門者，舉其一而概其餘也。

即現毘沙門身而爲説法。

《楞嚴經》六：「若諸衆生，愛生天宫，驅使鬼神，我於彼前，現四天王國太子身，而爲説法，令其成就。」○以上自現梵王身至毘沙門身，此爲現六凡身也。

應以小王身得度者，

除轉輪王之外，悉謂之小王，所謂粟散王也。

即現小王身而爲説法。

《楞嚴經》六：「若諸衆生，樂爲人主，我於彼前，現人王身而爲説法，令其成就。」

應以長者身得度者，

長者，積財具德之通稱。○《法華玄贊》十：「心平性直，語實行敦，齒邁財盈，名爲長者。」○長者有十德，

《法華文句》五：「一姓貴，二位高，三大富，四威猛，五智深，六耆年，七行浄，八禮備，九上歎，十下歸。十德具焉，名大長者。」

即現長者身而爲説法。

應以居士身得度者，

《楞嚴經》：「若諸衆生，愛主族姓，世間推讓，我於彼前，現長者身而爲説法，令其成就。」

在家之佛弟子名居士，如香山居士、東坡居士、六一居士是也。〇居士，梵語迦羅越。〇《注維摩經》一：「什曰：『外國白衣，多財富樂者，名爲居士。』」〇天台《觀音義疏》：「居士者，多積賄貨，居業豐盈，以此爲名也。」〇慧遠《維摩經疏》一：「居士有二：一廣積資財，居財之士，名爲居士。二在家修道，居家道士，名爲居士。」〇嘉祥《法華義疏》十一：「居士有二種：一居舍之士，故名居士。二居財一億，故名居士。」〇《法華玄贊》十：「守道自恬，寡欲蘊德，名爲居士。」

即現居士身而爲説法。

《楞嚴經》：「若諸衆生，愛談名言，清浄自居，我於彼前，現居士身而爲説法，令其成就。」

應以宰官身得度者，

《楞嚴別行》：「宰是主義，官是功能義。三臺以功能輔政於王，故曰宰官。郡邑亦稱宰官。」

即現宰官身而爲説法。

《楞嚴經》：「若諸衆生，愛治國土，剖斷邦邑，我於彼前，現宰官身而爲説法，令其成就。」○宋趙清獻公與富弼書曰：「伏維執事，富貴如是之極，道德如是之盛，福壽康寧如是之備，退逸閑休如是之高，其所未甚留意者，如來一大事因緣而已。能專誠求所證悟，則他日爲門下賀也。」此豈非現宰官身與宰官説法耶？

應以婆羅門身得度者，

婆羅門爲天竺四姓之一。○希麟《音義》八：「婆羅門，不正梵語也，應云没囉憾摩，此云浄行，或云梵行。自相傳云，我從梵王口生，獨取梵名，世業相傳習四圍陀論。」○《仁王經》良賁疏中二：「婆羅門，此云浄志。」○《俱舍光記》一：「婆羅門法，七歲以上，在家學問；十五已去，學婆羅門法，遊方學問；至年四十，恐家嗣斷絶，歸家娶妻，生子繼嗣；年至五十，入山修道。」

即現婆羅門身而爲説法。

《楞嚴經》：「若諸衆生，愛諸術數，攝衛自居，我於彼前，現婆羅門身而爲説法，令其成就。」○以上現小王身，至婆羅門身，此現人道，由王臣以及士庶也。

應以比丘、

比丘者，凡出家爲佛弟子，受具足戒者之總名也。舊譯曰乞士，曰熏士。○《智度論》三：「云何名比丘？比丘名乞士，清浄活命，故名爲乞士。復次，比名破，丘名煩惱，能破煩惱，故名比丘。復次，受戒時自言我是某甲比丘，盡形受持戒，故名比丘。復次，比名怖，丘名能，怖魔王及魔人民，當出家剃頭著染衣受戒，是時魔怖，何以故怖？魔言是人必得入涅槃。」○《維摩經註》曰：「比丘秦言，或名淨乞食，或名破煩惱，或名淨持戒，或名能怖魔。天竺一名該此四義，秦言無一名以譯之，故存本名焉。」

比丘尼、

女子出家而受具足戒者之通稱也。○慧琳《音義》二：「出家女之總名。」

優婆塞、

舊作伊蒲塞。《後漢書·楚王英傳》：「以助伊蒲塞桑門之盛饌。」○《涅槃經》八：「歸依於佛者，真名優婆塞。」○受持不殺、不盜、不邪淫、不妄語、不飲酒五戒，是名優婆塞戒。

優婆夷身得度者，

受持不殺、不盜、不邪淫、不妄語、不飲酒五戒之女子，名優婆夷。

即現比丘、比丘尼、優婆塞、優婆夷身而爲說法。

《楞嚴經》：「若有男子，好學出家，持諸戒律，我於彼前，現比丘身而爲說法，令其成就。若有女人，好學出家，持諸禁戒，我於彼前，現比丘尼身而爲說法，令其成就。若有男子，樂持五戒，我於彼前，現優婆塞身而爲說法，令其成就。若有女子，五戒自居，我於彼前，現優婆夷身而爲說法，令其成就。」○以上現四衆身也。

應以長者、居士、宰官、婆羅門婦女身得度者，即現婦女身而爲說法。

《楞嚴經》：「若有女人，内政立身，以修家國，我於彼前，現女主身及國夫人、命婦、大家音姑而爲説法，令其成就。」

應以童男、童女身得度者，即現童男、童女身而爲説法。

《楞嚴經》：「若有衆生，不壞男根，我於彼前，現童男身而爲説法，令其成就。若有處女，愛樂處身，不求侵暴，我於彼前，現童女身而爲説法，令其成就。」〇以上現婦女及童真之身也。即長者、居士、宰官、婆羅門之婦女也。

應以天、龍、夜叉、

天爲諸天，龍爲龍神，諸天與龍神與夜叉，爲天龍八部衆之三部也。

乾闥婆、

乾闥婆與緊那羅，共侍奉帝釋，司奉伎樂者。緊那羅法樂，乾闥婆修樂，爲八部衆之一。〇《注維摩經》一：「什曰：『乾闥婆，天樂神也。處地十寶山中，天欲作樂時，此神體上有相出，然後上天也。』」〇天台《浄名疏》二：「乾闥婆，此云香陰，此亦陵空之神，不噉酒肉，唯香資陰。」〇《文句》二下：「乾闥婆，此云嗅香，以香爲食，亦云香陰，其身出香，此是天帝修樂之神也。」

阿修羅、

爲八部衆之一，嘗與帝釋戰鬥之神。〇《名義集》二：「阿修羅，舊翻無端正，男醜女端正，新翻非天。」《西域記》九：「阿素洛，舊曰阿修羅，又曰阿須倫，又曰阿蘇羅，皆訛也。」〇《法華文句》五：「阿修羅，此云無酒，又曰無酒神。」

迦樓羅、

爲八部衆之一。○《法華文句》二下：「迦樓羅，此云金翅，翅翮金色，居四天下大樹上。」○慧苑《音義》上：「迦樓羅，或曰揭路茶，此云食吐悲苦聲也。謂此鳥凡取得龍，先内嗉中，得吐食之，其龍猶活，此時痛楚出悲苦聲也。」

緊那羅、

樂神之名，爲八部衆之一。○《注維摩經》一：「什曰：『秦言人非人，似人而頭上有角，人見之，言人耶非人耶，故因以名之。亦天伎神也，小不及乾闥婆。』」○《法華文句》二下：「緊那羅，亦云真陀羅，此云疑神，似人而有一角，故號人非人。天帝法樂神，居十寶山。」

摩睺羅伽、

一作「摩呼羅伽」，爲八部衆之一，大蟒神也。○慧琳《音義》十一：「摩休勒，古譯質朴，亦名摩睺羅伽，亦是樂神之類。或曰非人，或曰大蟒神，其形人身而蛇首也。」

人非人等身得度者，

人非人者，似人身而非人身也。詳見「緊那羅」、「摩睺羅伽」註。

即皆現之而爲説法。

《楞嚴經》：「若有諸天，樂出天倫，我現天身而爲説法，令其成就。若有諸龍，樂出龍倫，我現龍身而爲説法，令其成就。若有藥叉，樂度本倫，我於彼前，現藥叉身而爲説法，令其成就。若乾闥婆，樂脱其倫，我於彼前，現乾闥婆身而爲説法，令其成就。若阿修羅，樂脱其倫，我於彼前，現阿修羅身而爲説法，令其成就。若緊那羅，樂脱其倫，我於彼前，現緊那羅身而爲説法，令其成就。若摩呼羅伽，樂脱其倫，我於彼前，現摩呼羅伽身而爲説法，令其成就。若諸衆生，樂人修人，我現人身而爲説法，令其成就。若諸非人，有形無形，有想無想，樂度其倫，我於彼前，皆現其身而爲説法，令其成就。」以上現八部身也。

應以執金剛神得度者，

即現執金剛神而爲説法。

執金剛神即金剛神，執金剛杵護佛法之神祇，爲山門兩脅之力士。○《行宗記》二上：「金剛者即侍從力士。手持金剛杵，因以爲名。」○此指願護佛教，樂爲力士之類。

《大成》云：「説摧邪輔正之法，令其成就也。」然以上三十二應，與《楞嚴》互有異同，如天中彼有四王太子，今經則無；婦中彼多女主及國夫人，今經亦畧；至若此經執金剛神，彼則不列。蓋以菩薩妙應無方，神化莫窮，各取易信易見，以成三十二數，實各無盡。

無盡意，是觀世音菩薩，成就如是功德，以種種形，遊諸國土，

《楞嚴經》：「是名妙淨三十二應，入國土身。」○釋通理曰：「雖曰以種種形，惟是一真；雖曰遊諸國土，不離當處。亦如『一月普印一切水，一切水月一月攝。月不下降水不升，水清月明法自爾』。知此意者，

方可與説三十二應。」

度脱衆生。

超度生死之苦而解脱也。○《無量壽經》下：「積累德本，度脱一切。」○《法華經・序品》：「諸仙之導師，度脱無量衆。」

是故汝等，應當一心供養觀世音菩薩。是觀世音菩薩摩訶薩，於怖畏急難之中，能施無畏，

《楞嚴經》六：「其形其咒，能以無畏施諸衆生，是故十六方微塵國土，皆名我爲施無畏者。」

是故此娑婆世界，皆號之爲施無畏者。」

以上結三十二應，誡當供養也。

無盡意菩薩白佛言：「世尊，我今當供養觀世音菩薩。」即解頸衆寶珠

寶珠，即摩尼珠也，譯作如意珠。○《智度論》五十九：「如意珠能除四百四病。」○《法華經》：「浄如寶珠，以求佛道。」《寶悉地成佛陀羅尼經》：「心性寶性，無有染污。」

瓔珞，

連寶玉爲身之飾也，又可作宮殿之飾，梵云枳由邏。○玄應《音義》：「吉由邏，應云枳由邏，此云瓔珞。」

價值百千兩金，而以與之，作是言：「仁者，

仁者，又單稱仁，呼人之稱。○《大日經疏》四：「梵音爾儞，名爲仁者。」○《中庸》：「仁者人也。」

受此法施，珍寶瓔珞。」時觀世音菩薩，不肯受之。無盡意復白觀世音菩薩言：「仁者，愍我等故，

愍，音閔，悲也、憐也。

受此瓔珞。」爾時佛告觀世音菩薩：「當愍此無盡意菩薩，及四衆、

《法華文句》二：「有僧伽之四種：一比丘，二比丘尼，三優婆塞，四優婆夷。」○《法華玄贊》一：「一比丘，二比丘尼，三沙彌，四沙彌尼。即出家之四衆也。」○光宅《法華疏》一：「雖有天龍八部，莫過四類，出家四衆也。」

天、龍、夜叉、乾闥婆、阿修羅、迦樓羅、緊那羅、摩睺羅伽、人非人等故，受是瓔珞。」即時，觀世音菩薩愍諸四衆及於天、龍、人非人等，受其瓔珞，分作二分，一分奉釋迦牟尼佛，

《魏書・釋老志》曰：「釋迦生時，當周莊王九年。《春秋》魯莊公七年，夏四月，恒星不見，夜明是也。至魏武定八年，凡一千二百三十七年云。釋迦年三十成佛，導化羣生四十九載，乃於拘尸那城娑羅雙樹間，以二月十五日而入般涅槃。涅槃，譯云滅度，或言常樂我淨，明無遷謝及諸苦累也。」○釋迦，此翻能仁，姓也。牟尼，此翻寂默，字也。○佛者，梵語佛陀之畧稱，華言曰覺者，亦曰智者，以具自覺、他覺、滿

覺三覺故，得一切種智故。○釋迦牟尼共有十號：一曰如來，二曰應供，三曰正遍知，四曰明行足，五曰善逝，六曰世間解，七曰無上士，亦曰調御丈夫，八曰天人師，九曰佛，十曰世尊。經中曰佛、曰世尊、曰如來者，皆釋迦也。

一分奉多寶佛塔。

釋迦在靈鷲山説《法華經》，説完《正宗分》，至《流通分》，忽有一寶塔，從地下出現於空中，塔中安置多寶如來全身之舍利。舍利即佛體之化石也。塔中發聲，讚歎釋迦，證明《法華》。○《法華經・見寶塔品》：「爾時佛前有七寶塔，高五百由旬，縱横二百五十由旬，從地涌出。」又：「爾時寶塔中出大音聲歎言：『善哉善哉，釋迦牟尼世尊，能以平等大慧教菩薩法，佛所護念。』」《妙法蓮華經》：「爲大衆説。如是如是，釋迦牟尼世尊，如所説者，皆是真實。」又：「爾時佛告大樂説菩薩，此寶塔中有如來全身，乃往過去東方無量千萬億阿僧祇世界，國名寶浄，彼中有佛，號曰多寶。其佛本行菩薩道時，作大誓願：若我成佛，滅度之後，於十方國土有説《法華經》處，我之塔廟，爲聽是經，故涌現其前，爲作證明，讚言善哉。」

無盡意，觀世音菩薩，有如是自在神力，

身進退無礙，曰自在。心離煩惱之繫縛，通達無礙，亦曰自在。○《法華經・序品》曰：「盡諸有結，心得自在。」○《唯識演秘》曰：「施爲無擁，名爲自在。」○神力，又謂神通力。神爲妙用不測之義，通爲通融自在之義，力爲力用之義。○《法華經・序品》偈：「諸佛神力，智慧稀有。」「如是神力」者，指上文現三十二身説法也。

遊於娑婆世界。

此正結答問意也。〇以下本爲秦譯所缺，後人據隋譯本補入。

爾時，無盡意菩薩以偈問曰：

偈，極藝切，佛家所倡詞句謂之偈。偈之爲言竭也，攝義已盡之意。天台《仁王經疏》曰：「偈者竭也，攝義盡，故名爲偈。」〇又偈，即頌美歌也。限定字數，不問三言四言乃至多言，總必四句方成。

「世尊妙相具，

特妙之相貌曰妙相。釋通理曰：「世尊妙相具者，讚佛萬德莊嚴，爲過來人故。過來之人，自能知來者行履，故重問也。」〇如來有三十二妙相：一、足下平滿。二、足下千輻輪文，無不圓滿。三、手足柔軟，如兜羅綿。四、兩足一二指間，猶如雁王，文同綺畫。五、手足諸指，圓滿纖長。六、足跟廣長圓滿。七、足趺修高廣滿，與跟相稱。八、雙腨漸次纖圓，如鹿王腨。九、雙臂平立摩膝，如象王鼻。十、陰相藏蜜。十一、毛生紺青宛轉。十二、髮毛右旋宛轉。十三、身皮細薄潤滑，垢水不住。十四、身皮金色晃耀。十五、兩足兩掌中頸雙肩，七處充滿。十六、肩項圓滿，殊妙。十七、膊腋悉皆充實。十八、容儀洪滿端直。十九、身相修廣端嚴。二十、體相量等圓滿。二十一、頷臆並身上半，威容廣大，如師子王。二十二、常光面各一尋。二十三、齒相四十齊平，淨密白逾珂雪。二十四、四牙鮮白鋒利。二十五、常得味中上味。二十六、舌相薄淨廣長，能覆面輪，至耳髮際。二十七、梵音詞韻和雅，隨衆多少，無不等聞。二十八、眼睫猶若牛王，紺青齊整。二十九、眼睛紺青，鮮白紅環。三十、面輪其猶滿月，眉相皎淨，如天帝弓。三

十一、眉間有白毫，柔軟如綿。三十二、頂上烏瑟膩沙，高顯周圓，猶如天蓋。

我今重問彼。

「彼」字指觀音言。

佛子何因緣，

《梵網經》下：「衆生受佛戒，即入諸佛位。位同大覺已，真是諸佛子。」〇《法華經·譬喻品》：「今日乃知真是佛子，從佛口生，從法化生得佛法。」〇《分佛地論》：「由佛教力，彼聖道生，故名佛子。能紹佛種，不令斷絶，故名佛子。」〇嘉祥《法華疏》四：「大機既發，有紹繼之能，爲佛子義。」〇《法華文句》九：「一切衆生，皆有三種性，得佛性，即是佛子，故云其中衆生，悉是吾子。」

名爲觀世音？」

以上四句偈，爲無盡所問，以下爲世尊所答。

「具足妙相尊，

具足者，具足圓滿也。

偈答無盡意。汝聽觀音行，

觀音所行各種功德，不曰觀，不曰視，而曰聽者，因五根可以互用之故。詳見「觀其音聲」下註。

善應諸方所。

應，即《楞嚴經》謂令我身成三十二應也。○諸方，即諸國土也。所，處也。

弘誓深如海，

具弘誓願謂之弘誓。又爲佛菩薩之弘大之誓。○《無量壽經》上：「發斯弘誓，建此願已，一向專志莊嚴妙土。」○《法華經·普門品》：「弘誓深如海。」○《文句》十下：「弘，廣也。誓，約也。廣制要心，故言弘誓。」○《法界次第》下之上：「廣普之緣，謂之爲弘。自制其心，名之曰誓。志求滿足，故云願也。」

歷劫不思議。

劫，不能以通常之年月日時計算之極長時節也。詳前註。○理之深妙，事之希奇者，以心不可思，以言不可議，謂之不可思議。○《維摩經》慧遠疏：「不可思議者，經中亦名不思議也。通釋是一。」○《智度論》：「小乘法中，無不可思議事，唯大乘法中有之，如六十小劫說《法華經》謂如食頃。」○《維摩經註》一：「生曰：『不可思議者，凡有二種：一曰理空，非感情所測。二曰神奇，非淺識所量。』」

侍多千億佛，

《金剛經》：「當知是人，不於一佛二佛三四五佛而種善根，已於無量千萬佛所，種諸善根。」○釋通理曰：「『歷劫』二句，顯自修行勝，言菩薩因地修行，所歷之劫，已至不可思議，所侍之佛，已至多千億數，其行可謂勝矣。」

發大清浄願。

《俱舍論》十六：「諸身語意三種妙行，名身語意三種清浄，暫永遠離一切惡行煩惱垢，故名爲清浄。」○

《探玄記》四：「三業無過云清淨。」

我爲汝畧説，

《佛遺教經》：「爲諸弟子畧説法要。」○《維摩經》：「佛爲諸比丘畧説法要。」

聞名及見身，心念不空過，

釋通理曰：「聞名必稱，以口業爲感；見身必禮，以身業爲感；心念必觀，以意業爲感。三者皆能致應，故不空過。」

能滅諸有苦。

衆生之果報有因有果謂之有。有三有、四有、七有、九有、二十五等之别，總稱曰諸有。○《法華經·序品》：「盡諸有結，心得自在。」○《仁王經》中：「永無分段超諸有。」○《大乘義章》八：「生死果報，是有不無，故名爲有。」○《佛地經》五：「逼惱身心名苦。」○《大乘義章》二：「逼惱名苦。」○苦分二類：四百四病爲身苦，憂愁嫉妬等爲心苦，謂之内苦；惡賊虎狼等之害，風雨寒熱等之災，謂之外苦。見《智度論》十九。○《涅槃經》十二：「八相爲苦。所謂生苦、老苦、病苦、死苦、愛别離苦、怨憎會苦、求不得苦、五盛陰苦。」又見《三藏法數》三十三。○《菩薩藏經》云：「人有十苦之逼迫：一生苦，二老苦，三病苦，四死苦，五愁苦，六怨苦，七受苦，八憂苦，九病惱苦，十流轉大苦。」又見《釋氏要覽》一。○《觀世音大悲陀羅尼》：「南無大悲觀世音，願我早得越苦海。」○以上十二句，乃世尊總述觀音之德以答也，以有深誓願，度苦衆生，由滅苦得名也。

假使興害意，

他人假使興害我之意。

推落大火坑。

惡趣之可怖者曰火坑。○《觀經定善義》：「三惡火坑，臨臨欲入。」又以火坑譬五欲之可畏。○《雜阿含經》四十三：「多聞聖弟子，見五欲如火坑。」○《中阿含經》五十四：「欲如火坑，我説欲如火坑； 如毒蛇，我説欲如毒蛇。」

念彼觀音力，

誦念南無觀世音菩薩名號之力。

火坑變成池。

《觀世音大悲陀羅尼》：「我若向火湯，火湯自消滅。」

或漂流巨海，龍魚諸鬼難。念彼觀音力，波浪不能没。

以上八句，首舉三災之難，以下别頌救難，乃十四無畏，但傍舉諸難，故文無次。

或在須彌峰，

《西域記》云：「唐言妙高，舊曰須彌，又曰須彌樓，皆訛。四寶合成，在大海中，據金輪上，日月之所回泊，諸天之所游舍。七山七海，環峙環列，四面各有一色：東黄金，南瑠璃，西白銀，北頗梨，隨其方面，水同山色。」○《毘曇俱舍》云：「妙高，七寶所成，故名妙，出七金山，故名高。」○《觀經疏》云：「舉高三百三十六萬里，縱廣亦爾。」

爲人所推墮。念彼觀音力，如日虛空住。

釋通理曰：「初能脱怨賊，必約須彌爲言者，以須彌上臨虛空，下瞰大海，此上能救，餘者可知，亦舉難況易之意。爲人推墮者，是人非怨即賊，以推墮欲致命故。暫時如日住空，若怨賊既去，則如日還升也。」

或被惡人逐，墮落金剛山。

《起世經》二：「諸餘大山及須彌山王之外，别有一山，名斫迦羅，舊譯曰鐵圍山。高六百八十萬由旬，縱横亦六百八十萬由旬，彌密牢固金剛所成，難可破壞。」○《無量壽經》上：「須彌山及金剛鐵圍一切諸山。」○《無量壽經》下：「金剛圍山，須彌山王。」

念彼觀音力，不能損一毛。

《孟子》：「拔一毛而利天下。」○《韓子》：「不以天下大利，易其脛一毛。」○《淮南子》：「雖以天下之大，易骭之一毛。」○《廣絶交論》：「莫肯費其半菽，罕有落其一毛。」○以上八句，乃傍舉險難也。

或值怨賊繞，各執刀加害。念彼觀音力，咸即起慈心。

以樂與人之心謂慈心，爲四無量心之一。○以上四句，乃煩怨賊難也。○《太平廣記》：「宋太原王元謨，爽邁不群，北征失律，軍法當死，夢人謂之曰：『汝誦觀世音千遍，可得免禍。』謨曰：『命懸旦夕，何日可得？』授云：『觀世音南無佛，與佛有因，與佛有緣，佛法相緣，常樂我淨。朝念觀世音，暮念觀世音，念念從心起，念佛不離心。』既而誦滿千遍，將就戮，將軍沈慶之諫，遂免，歷位尚書金紫、豫州刺史。」○《法苑珠林》十七：「沙門法禪山行逢賊危，欲害之，唯念觀音。挽弓射之，放箭不得。賊遂歸誠，投弓於地，知是神人，怖捨逃逝。」

或遭王難苦，

遭遇國家喪亂，殉難之時。

臨刑欲壽終。

臨，及也，謂正當其時也。如臨行、臨别、臨刑。

念彼觀音力，刀尋段段壞。

《法苑珠林》十七：「沙門道集於壽陽西山遊行，爲二賊所得，縛繫在樹，將欲殺之。唯念觀音，守死不輟，引刀屢斫，皆無傷損，劫賊怖走，集因得脱。」○以上四句，乃頌刑戮難也。

或囚禁枷鎖，手足被杻械。念彼觀音力，釋然得解脱。

以上四句，乃頌囚繫難也。○《法苑珠林》十七：「晋竇傳者，河内人也。永和中并州刺史高昌，冀州刺史吕護，各擁部曲，相與不和。傳爲昌所用，作官長護，遣騎抄擊，爲所俘，執同伴六七人，共繫入一獄，鎖械甚嚴，剋日當殺之。沙門支道山時在護營中，先與傳相識，聞其執厄，出至獄所，候視之，隔户共語。傳謂山曰：『今日困厄，命在漏刻，何方相救？』山曰：『若能至心歸請，必有感應。』傳先亦頗聞觀世音，及得山語，遂專心屬念，晝夜三日，至誠自歸，觀其鎖械，如覺緩解，有異於常，聊試推蕩，忽然離體。傳乃復至心曰：『今蒙哀祐，已令桎梏自解，而同伴尚多，無心獨去，觀世音神力普濟，當令俱免。』言畢，復牽挽餘人，皆以次解落，若有割剔之者。遂開户走出，於警徼之間，莫有覺者，便逾城徑去。」○《法苑珠林》十七：「宋張興者，新興人也。頗信佛法，嘗從沙門僧融、曇翼時受八戒。興常爲劫所引，夫得走逃，妻坐繫獄，掠笞積日。時縣失火，出囚路側，會融翼同行，經過囚邊，妻驚呼：『闍梨，何以賜救？』融曰：『貧道力弱無救，如何？唯宜勤念觀世音，庶獲免耳。』妻便晝夜祈念，經十許日，於夜夢一沙門，以脚踏之，曰：『咄咄可起。』妻即驚起，鉗鎖桎梏，忽然俱解，便走趣户。户時猶閉，警防殊嚴，既無由出，慮有覺者，乃還著械，尋復得眠。又夢向沙門曰：『户已開矣。』妻覺而馳出，守備者並已惛睡，妻安步而去。時夜甚闇，行可數里，卒值一人，妻懼躃地，已而相訊，乃其夫也，相扶悲喜。夜投僧翼，翼藏匿之，遂得免。時元嘉初也。」

咒詛諸毒藥，

念誦咒詛神之咒而殺人，即起屍鬼，亦即毘陀羅也，爲印度之一種外道。○《書》：「否則厥口詛祝。」

所欲害身者。念彼觀音力，還著於本人。

藉誦念觀音名號之力，其害反著於本人，本人即使用咒詛毒藥之人也。○以上四句，乃頌咒毒難也。○《圖書集成·神異典》一百六卷引東坡居士曰：「觀音慈悲者也，今人遭咒詛，念觀音之力，而使還著於本人，則豈觀音之心哉？今改之曰：咒詛諸毒藥，所欲害身者，念彼觀音力，兩家總没事。」○按：經語不可妄改，附誌於此，以備參考。○《法華大成》：「《譬喻經》云：『有清信士，初持五戒，後時衰老，多有廢忘。爾時山中有渴梵志，從其乞水，田家事忙，不及與之，遂恨而去。梵志能起屍使鬼，招得殺鬼，敕曰：「彼辱我，往殺之。」山中有羅漢知之，往田家語言：「汝今夜早然燈，勤三自歸，誦守口莫犯偈，慈念衆生，可得安隱。」主人如教，通曉念佛、誦戒，鬼莫能害。鬼神之法，人令其殺，即便欲殺，但彼有不可殺之德，法當却殺其使鬼者。其鬼乃恚，欲害梵志。羅漢蔽之，令鬼不見。田家悟道，梵志得活。』東坡云：『還著失慈，當云兩家都没事。』吾不意東坡之高明，而出此鄙俗語也。還著一言，有事有理，事則邪不勝正，慈能制凶。今以正念觀音，自然還著，喻如含血噴天，返污己身；將頭觸火，反焦己額。不期然而然，非菩薩加罰於彼，亦非行人起心願著彼也。」

或遇惡羅刹，毒龍諸鬼等。念彼觀音力，時悉不敢害。

以上四句，乃頌羅刹鬼難也。

若惡獸圍繞，利牙爪可怖。念彼觀音力，疾走無邊方。

《法苑珠林》：「宋元嘉初，有黄龍沙門曇無竭者，誦《觀世音經》，浄修苦行。與徒屬二十五人，往尋佛國，備經艱險。既達天竺舍衛路，逢山象一羣，竭齋經誦念，稱名歸命，有獅子從林中出，象驚奔走。後有野牛一羣，鳴吼而來，將欲加害，竭又如初歸命，有大鷲飛來，牛便驚散，遂得免。」

蚖蛇及蝮蠍，

《本草》：「蚖與蝮同類，即虺也。虺，毒蛇也。大者長八九尺，扁頭大眼，色如土，見人則昂頭逐之，性極毒。舊與蝮蛇混爲一類，俗稱土虺蛇。」〇蝮，毒蛇，多居濕地。長尺餘，頭大，形如三角，頸細，毒牙如管狀，全體灰暗，有褐色斑紋，至尾則驟短小，毒性頗烈。○蠍，俗作蝎，蜘蛛之屬。長三寸許，青黑色，顎上有觸鬚一對，如蟹螯，頭胸部頗短，腹部環節十三。後端大環節狹小如尾，末有毒鈎，遇敵則向上彎曲，注射毒汁。生息於塵芥中，捕蜘蛛小蟲等爲食，並螫人。

氣毒煙火然。

然，如此也。言氣毒如煙火然。

念彼觀音力，尋聲自迴去。

以上八句，乃頌毒蟲難也。

雲雷鼓掣音尺**電，**

釋通理曰：「雷鼓掣電者，謂雷震如鼓擊之聲，電飛如牽掣之形也。」

降雹音薄**澍**音注**大雨。**

雹，雨冰也。雷雨時，雲氣爲電衝激，入高空冰雪線界，凝爲冰點雪片，又旋轉團結而成冰塊，與雨雜下也。小者如豆，大者如拳，能傷禾稼牲畜。○澍與注同，水流射也。○《說文》：「時雨澍生萬物。」

念彼觀音力，應時得消散。

以上四句，乃頌災變難也。○已上皆救外難，下救内難。

衆生被困厄，無量苦逼身。觀音妙智力，

佛智之不可思議稱妙智。○《無量壽經》上：「妙智無等倫。」

能救世間苦。

世，遷流之義，墮於世中之事物，名曰世間。世間有二義：一有情世間，人類是也。二器世間，國土是也。○以上四句，乃總頌淫怒癡，皆衆生内分業苦也。

具足神通力，

神爲不測之義，通爲無礙之義。有五神通、六神通、十神通之別。○《法華經·序品》：「此瑞神通之相。」○《大乘義章》二十本：「神通者，就名彰名。所爲神異，目之爲神。作用無擁，謂之爲通。」

廣修智方便。

十種神通：一、出生念宿命方便智通。宿命通。二、出生無礙天耳智通。天耳通。三、出生智一切衆生不可思議，心心數法方便智通。他心通。四、出生無礙天眼觀察衆生方便智通。天眼通。五、出生不可思議自在神力示現衆生方便智通。六、出生一身示現不可思議世界方便智通力。七、出生於一念中，往詣不可說世界方便智通。八、出生不可思議莊嚴具，莊嚴一切世界方便智通力。九、出生不可說化身示現衆生方便智通。以上五者，謂之神足通。十、出生不可說世界成阿耨多羅三藐三菩提不可思議示現衆生方便智通。漏盡通。見晋《華嚴經》三十八、《探玄記》十七。

十方諸國土，

四方、四隅、上下，謂之十方。

無剎音察不現身。

剎，譯爲土田、國、處等。○《大乘義章》：「剎者，是其天竺人語，此方無翻，蓋乃處處之別名也。」○玄應《音義》：「剎又作擦，音察，梵云差多羅，此譯云土田。經中或言國，或言土者，同其義也。或作剎土者，存二音也。即剎帝利，名守田主，亦是也。」○《法華文句記》曰：「剎者，應云剎摩，此云田，即一佛所主土也。」○現身，佛菩薩化現種種之身也。觀音有三十二應身。應者，隨感而應，皆由衆生所感，自然而應也。

種種諸惡趣，

衆生以惡業之因，當趣惡處，名曰惡趣。○地獄、餓鬼、畜生，謂之三惡趣。於三惡趣加入修羅，謂之四惡趣。以人與天，修羅屬於天。加入三惡趣，謂之五惡趣。故曰諸惡趣。

地獄鬼畜生。

《大乘義章》八末：「地下牢獄，故曰地獄。」○《俱舍頌疏・世間品》：「梵云那落迦，此云苦具，義翻爲地獄。以地下有獄，故此正翻也。」○《法華文句》：「地獄此方語，胡稱泥犁者，秦云無有。無有喜樂，無氣味，無觀，無利，故曰無有。」○地獄有三大類：第一類曰根本地獄，八大地獄、八寒地獄是也。第二類曰近邊地獄，十六遊僧地獄是也。第三類曰孤獨地獄。○鬼，餓鬼也，常受饑渴之苦之鬼，曰餓鬼。○《大乘義章》八末：「又常饑虛，故名爲餓。恐怯多畏，故名爲鬼。」○畜生，猶言一切世人，或爲噉飯，或爲驅使，畜養此生也。○《大乘義章》八末：「言畜生者，從主畜養以爲名也。」○《梵網經》下：「若佛子，常起大悲心。若見牛馬猪羊一切畜生，應心念口言，汝是畜生，發菩提心。」

生老病死苦，

《法華文句》六：「心生異念，名生苦。念念不住，名老苦。行心擾擾妨定，名病苦。退定，是死苦。」

以漸悉令滅。

以上八句，乃總頌現身説法也。

真觀清淨觀，

觀真諦之理，而斷見思之惑，名曰空觀，即真觀也，爲五觀之一。既除見思之糞穢，而於清淨之身，斷塵沙之惑，名曰假觀，即清淨觀也，爲五觀之二。

廣大智慧觀。

已斷無明之惑，而得廣大之智慧，名曰中觀，即廣大智慧觀也，爲五觀之三。

悲觀及慈觀，

以上之三觀觀衆生，以拔衆生之苦，即悲觀也，爲五觀之四。以上之三觀觀衆生，與衆生以樂，即慈觀也，是爲第五觀。

常願常瞻仰。

《法界次第》：「志求滿足曰願。」〇瞻仰者，以恭敬之心仰見也。〇《法華經·方便品》：「瞻仰兩足尊。」

○《維摩經》上：「瞻仰尊顔，目不暫捨。」○以上四句，乃頌結顯觀智也。顯菩薩應物觀照，故有五觀。

無垢清浄光，

無垢，清浄而無垢染也。又謂之無漏。○《法華經·法師品》：「若説法之人，獨在空閑處，寂寞無人聲，讀誦此經典，我爾時爲現清浄光明身。」

慧日破諸闇。

佛智能照世之盲冥，故以慧日譬之。○《無量壽經》下：「慧日照世間，清除生死雲。」○《法華經·方便品》：「慧日大聖尊。」○衆生之無知無明，謂之諸闇。○《法華經·藥王菩薩本事品》：「如衆星之中，月天子最爲第一。於千萬億種諸經法中，最爲照明。又如日天子能除諸闇。此經亦復如是，能破一切不善之闇。」

能伏災風火，

釋通理曰：「災兼衆厄，惟風火爲最，故偏舉之。然風火等災，皆由衆生煩惱所感。既諸闇盡破，故能伏也。」

普明照世間。

以慧日之普明照世間。○以上四句，言觀智之用也。

悲體戒雷震，

心欲救人之苦曰悲，佛菩薩之悲心廣大曰大悲。以大悲爲體，故名悲體。此身先用戒德警人，如天震雷，物無不肅。○釋德清曰：「法身無體，以悲爲體。戒者，法身所流之教戒也。故將説法，先以雷震，驚動羣機，以慈意而興廣大法雲。」

慈意妙大雲。

欲以樂與人，曰慈意。○《法華玄義》一：「妙者，褒美不可思議之法也。」○《大日經疏》一：「妙名更無等比，更無過上義。」○《雞跖集》：「如來慈心，如彼大雲，蔭注世界。」○京房《易飛候》：「視四方常有大雲，五色具而不雨，其下賢人隱。」○黄庭堅詩：「大雲在九丘。」

澍甘露法雨，

澍同注，詳前。○《光明文句》五：「甘露是諸天不死之藥，食者命長身安，力大體光。」○《注維摩經》七：「什曰：『諸天以種種名藥著海中，以寶山摩之，令成甘露，食之得仙，名不死藥。』生曰：『天食，爲甘露味也。食之長壽，遂號爲不死藥也。』」○妙法能滋潤衆生，故以雨譬之。○《無量壽經》上：「澍法雨，演法施。」○《法華經・序品》：「雨大法雨，吹大法螺。」○《涅槃經》二：「無上法雨，雨汝身田，令生法芽。」○以甘露法雨譬如來之教法。○《涅槃經》二：「唯悕如來甘露法雨。」

滅除煩惱焰。

貪欲、瞋恚、愚癡等之諸惑，煩心惱身，故曰煩惱。○《智度論》七：「煩惱者，能令心煩，能作惱故，名爲煩惱。」○《注維摩經》二：「肇曰：『七使九結惱亂衆生，故名爲煩惱。』」○《止觀》八：「煩惱是昏煩之法，惱亂心神，又與心作煩，令心得惱，即是見思利鈍。」○《大乘義章》五：「勞亂之義，名曰煩惱。」○煩惱爲燒智慧之火，故以焰譬之。○以上四句，乃頌應機説法之象也。

諍訟經官處，

諍與争通，訟也。○《後漢書》：「平理諍訟。」

怖畏軍陣中。念彼觀音力，衆怨悉退散。

釋通理曰：「諍訟則心憂刑罰，軍陣則命慮兵戈，皆可怖可畏事也。念彼觀音，仗慈力而頓消宿怨，罷訟解圍，感聖化而各悔先心，故云『悉退散』也。」○以上四句，乃頌由滅煩惱，故能散衆怨，觀照之力也。

妙音觀世音，

《俱舍光記》二十：「音聲妙，故名曰妙音，梵云懼沙。舊云瞿沙，訛也。」○此句之「妙音」，指誦念南無觀世音菩薩之音而言。

梵音海潮音。

《法華經・序品》：「梵音微妙，令人樂聞。」○《法華文句》：「佛報得清淨音聲最妙，號爲梵音。」○《華嚴經》：「演出清淨微妙梵音，宣暢最上無上正法。聞者歡喜，得淨妙道。」○《長阿含》五《闍尼沙經》：「時梵童子告忉利天曰：『其有音聲五種清淨，乃名梵聲。何等五？一者其音正直，二者其音和雅，三者其音清徹，四者其音深滿，五者其音遍周遠聞。具此五者，乃名梵音。』」○以海潮譬音之大者，又海潮無念，且不失時，故曰海潮音。○《楞嚴經》二：「佛興慈悲，哀愍阿難及諸大衆，發海潮音，遍告同會諸善男子。」長水《義疏》：「天鼓無思，隨人發響。海潮無念，要不失時。」

勝彼世間音，是故須常念。

言誦念南無觀世音菩薩，其音如梵音如海潮音，勝於世間一切之音，故須常常誦念。

念念勿生疑，

以上五句，乃頌依德立名，勸持獲益也。

觀世音淨聖。

淨聖，清淨之聖者也。

於苦惱死厄，能爲作依怙。

依怙，有所依賴也。○《大寶積經》二十三：「世間大依怙，以此乘出離。」

具一切功德，

一切，概括事物之稱。○《一切經音義》：「《説文》云：『一切，普也。』普即遍具之義，故切字宜從十。《説文》十爲數之具，有從七者，俗也。」○《大乘義章》九：「言功德，功謂功能，善有資潤福利之功，故名爲功。此功是其善行家德，名爲功德。」○天台《仁王經疏》上：「施物名功，歸己曰德。」○《勝鬘經寶窟》上本：「惡盡言功，善滿曰德。」又：「德者得也，修功所得，故名功德也。」○《法華經・化城喻品》偈文：「願以此功德，普及於一切。我等與衆生，皆共成佛道。」

慈眼視衆生。

佛菩薩以慈悲之心視衆生，曰慈眼。

福聚海無量，

福德之聚，廣大如海，讚歎觀音之福德無量之語也。

是故應頂禮。」

頂禮，五體投地，以吾頂禮尊者之足也。○《歸敬儀》下：「經律文中，多云頭面禮足，或云頂禮佛足者，我所貴者頂也，彼所卑者足也，以我所尊，敬彼所卑者，禮之極也。」○以上七句，乃讚德勸皈，以顯利益也。

爾時，持地菩薩

佛欲上忉利天爲母説法時，使持地菩薩作寶階三道，見《觀佛三昧經》六。○《寶雲經》曰：「地有十一義：一廣大，二衆生依，三無好惡，四受大雨，五生草木，六種子所依，七生衆寶，八生衆藥，九風不動，十師子吼不驚。菩薩持心如之，故以爲名。」

即從座起，前白佛言：「世尊，若有衆生，聞是《觀世音菩薩品》，

即指此經而言。

自在之業，普門示現，神通力者，當知是人，功德不少。」

釋德清曰：「觀音以無作妙用，應諸衆生，故云自在之業；無處不現，故云普門示現；無苦不拔，故云神通之力。」○釋通理曰：「自在之業，即指如上所說，以十四無畏等，皆菩薩盛德大業，表見於世，故名爲業。又以其任運成就，不假思緣，故名自在。如是自在之業，成自神化通融之力，發自圓通普法之門，故云普門示現。神通力者，持誦能感聖應，修習功超餘門，故云『當知是人，功德不少』。」

佛說是《普門品》時，

此經即《妙法蓮華經》之《觀世音菩薩普門品》。

衆中八萬四千衆生，

衆，指聽說《妙法蓮華經》者而言。○西天之法，顯物數之多，常以八萬四千爲言。○《觀無量壽經》：「無量壽佛有八萬四千相，一一相各有八萬四千隨形好，一一好復有八萬四千光明，一一光明遍照十方世界。」○《法華經・藥王品》：「火滅已後，收取舍利，作八萬四千寶瓶，以起八萬四千塔。」○《勝鬘經》：「廣大義者，則是無量得一切佛法，攝八萬四千法門。」○《智度論》：「般若波羅蜜，能除八萬四千病根本。」○《止觀》一：「一一塵，有八萬四千塵勞門。」○《法華經・見寶塔品》：「持八萬四千法藏十二部經，爲人演說。」又《妙音菩薩品》：「與妙音菩薩俱來者，八萬四千人。」又曰：「與八萬四千菩薩圍繞。」又曰：「是八萬四千菩薩，得現一切色身三昧。」○《智度論》二：「八萬四千官屬，亦各得道。」

皆發無等等

《維摩經・佛國品》：「無等等佛自在慧。」○《注維摩經》一：「肇曰：『佛道超絶，無與等者，唯佛自尊，故言無等等。』」又曰：「諸佛名無等，與諸佛等，故名爲無等等。」○賢首《心經畧疏》：「獨絶無倫，名無等等。」○《智度論》四十：「無等等，諸佛名無等，與諸佛等，故名爲無等等。」○浄影疏：「佛比餘生無等，名爲無等，佛佛道齊，故復言等。」○《法華文句》十：「無等等者，九法界心，不能等理，佛法界心，能等此理，故無等而等也。」○《法華經》嘉祥疏十二：「佛道無等，唯佛與佛等故，名此道爲無等等，所以名佛爲無等等。」

阿耨多羅三藐三菩提心。

《維摩經·佛國品》肇註曰：「阿耨多羅，秦言無上。三藐三菩提，秦言正遍知。道莫之大，無上也。其道真正，無法不知，正遍知也。」○《浄土論註》曰：「佛所得法，名爲阿耨多羅三藐三菩提。阿爲無，耨多羅爲無上，三藐爲正，三爲遍，菩提爲道，統而譯之，名爲無上正遍道，新譯無上正等正覺。」○按：言覺知真正平等之一切真理，謂無上之智慧也。○《法華玄贊》曰：「阿云無，耨多羅云上，三云正，藐云等，菩提云覺，即是無上正等正覺。」《智度論》曰：「唯佛一人智慧，爲阿耨多羅三藐三菩提。」○《華嚴經·普賢行願品四十》：「若令衆生生歡喜者，則令一切如來歡喜，何以故？諸佛如來以大悲心而爲體故，因於衆生而起大悲，因於大悲生菩提心，因菩提心成等正覺。譬如曠野沙磧之中，有大樹王，若根得水，枝葉華果悉皆繁茂。生死曠野菩提樹王，亦復如是。一切衆生而爲樹根，諸佛菩薩而爲華果，以大悲水饒益衆生，則能成就諸佛菩薩智慧華果。何以故？若諸菩薩以大悲水饒益衆生，則能成就阿耨多羅三藐三菩提故。是故菩提屬於衆生，若無衆生，一切菩薩終不能成無上正覺。善男子，汝於此義應如是解。以於衆生心平等故，則能成就圓滿大悲，以大悲心隨衆生故，則能成就供養如來。菩薩如是隨順衆生，虛空界盡，衆生界盡，衆生業盡，衆生煩惱盡，我此隨順無有窮盡。」按：此段《華嚴經》爲「阿耨多羅三藐三菩提」之確解，學者宜讀熟之。

附録一　疇隱居士自述

丁福保

屈子《離騷》、庾信《哀江南賦》，皆詳志祖德、歷述身世，實爲自敍之先河。沿及後世，單篇别出，如梁劉峻，唐劉子玄，五代馮道，清汪中、楊芳燦，皆有《自敍》，頗爲後人所傳誦。又自司馬相如自敍爲傳，爾後文人，多有爲自傳者，如晉陶潛《五柳先生傳》，唐劉禹錫《子劉子自傳》，宋邵子《無名公傳》、歐陽修《六一居士傳》，清朱用純《自傳》、吴綺《聽翁自傳》、邵長蘅《青門老圃傳》是也。又有自爲墓誌銘者，如漢王史自撰《威長葬銘》，隋李行之自爲《墓誌銘》，唐王績自撰《墓誌銘》、嚴挺之自爲《墓誌》、韓昶自爲《墓誌銘》并序、杜牧自撰《墓誌》等篇是也。又有撰自述者，如清夏之蓉《六十自述》、近人胡適之《四十自述》等篇是也。余删節年譜成《自述》一篇，謂之自敍可，謂之自傳或墓誌亦可，謂之年譜節要，亦無不可。惟人微文劣，不足自存，爲可愧耳。

疇隱居士姓丁氏，名福保，字仲祜，疇隱其别號也。世爲無錫人。高高祖諱如琦，乾隆癸酉舉人，浙江常山縣知縣。高祖諱瀚，陝西寧羌州知州。曾祖諱槦，山西獲鹿縣典史。祖諱文炳，浙江海鹽縣典史，咸豐庚申殉粤匪難，卹贈雲騎尉世職，入祀昭忠祠。父諱承祥，襲雲騎尉，入祀惠山報功祠。母薛太宜人，爲外祖旭初公次女。母生二子一女，長名寶書，光緒癸已恩科副貢，精繪事。次即福保。妹名迎梅，適王世昌。妻王氏，外舅榮杲公女也。子四：永康，惠康，士康，壽康。女二：蘭芬，雪芬。余以同治十三年甲戌六月廿二日亥時生於無錫書院衖舊宅。至光緒庚辰七歲，始入家塾讀書。天性甚鈍，非百遍不能背誦。至十三歲時，余兄爲余講解《左傳》、《史》、《漢》、《文選》徐、庾等集，每夜讀書，非三鼓不就寢。頻年，學大進。余兄長余八歲，故其友若裘葆良、吴稚暉、陳仲英、孫寒厓、廉南湖、俞仲還先生等，皆年長於余，有至十歲以上者。余追隨諸先生後，飽聞雅言閎論，得益良多。己丑，年十六，好爲選體詩，寒厓、稚暉兩先生頗加獎勵。爲文喜作閎瑋瑰麗之詞。是歲江南鄉試經藝題曰「偏於羣神」，余擬作一首，稚暉先生批其後，有「並肩司馬，抗手班、揚，不意怯弱小書生扛得動如此巨文」等語，可謂獎掖倍至矣。乙未，二十二歲。余肄業江陰南菁書院，閲《四庫提要》、《讀書雜誌》、《漢學師承記》等書，始識治學門徑。搜集各種《説文》，擬編《説文詁林》，即以是年爲始。丙申，二十三歲。補無錫縣學生員。丁酉，二十四歲。治經史之外，兼習算術、代數、幾何、三角等法。七月，室王孺人來歸。余父患肺結核數年矣，至八月病篤。余兄弟迫於嚴命，不得已赴南京鄉試，遂於八月七日進場。十八日回無錫，始知余父已於初九日棄養。烏乎！痛哉！斬焉縗絰之中，幾忘昏曉，椎心泣血，抱憾終天。余小子絶意功名，誓不復應鄉試者，以此。吾父純厚忠謹，以刻苦儉約終其身，不克享余兄弟一日之養，此福保所以每逢歲時伏臘，躬率妻子家祭；或值春秋佳節，攜麥飯紙錢，瞻拜松楸，未嘗不愴然飲泣而不能自已也。戊戌，二十五歲。余又以算學考入南菁書院肄業，旋爲竢實學堂算學教習。己亥，二十六歲。仍教授算學。烏乎！先父之喪，忽忽已踰大祥矣。回念此再祺之中，居處飲食語言，洋洋如平常，蓋無一果異乎人者，幾希之存，布衣縞帶耳。小子薄劣，不能遵古禮，今將遇禫，又當變吉，偶託詩歌，不成聲調。年終無度歲資，始覺乏錢之苦、求人之難，乃發憤重讀《史記・貨殖傳》，始知謀生有術。辛丑，二十八歲，辭算學教習，赴蘇州東吴大學堂肄業。暑假後患病，久不愈，遂赴上海，受業於新陽趙静涵先生，習醫，兼習日本文字。是年立志治生産，勤勤終歲，僅積國幣三百元，可謂難矣。是歲大兒永康生。癸卯，三十歲。長沙張文達公聘余入京，爲大學堂譯學館算學兼生理衛生學教習，月薪百元。尋改爲規銀百兩，繼又增至百二十兩。文達公謂余講授精勤，生徒翕服，恐回南應試，致曠館課，乃咨行江蘇學院，免余歲考，而不知余自遭先父之喪，早已絶意功名矣。然匏繫都門，非余所好。至乙巳，三十二歲。暑假後竭力辭館，遂薦教習數人以自代。譯館學生數百人及館中各同事，皆送至汽車站，竢車輪徐動，猶隨車送行，直至汽車遠去始歸。余學問甚膚淺，以此收場，可云幸矣。在上海整理書業，筆算數學、代數備旨、形學備旨各《詳草》，皆出版，吾國算書之有「詳草」始此。是歲次兒惠康生。丙午，三十三歲。毘陵盛宫保托廉南湖先生聘余爲教讀，歲修規銀二千兩，余因編刊諸書無暇晷，堅辭不往。是歲，長女蘭芬生。戊申，三十五歲。來上海刊書行醫。是歲三兒士康生。宣統元年己酉，三十六歲。赴南京應兩江總督端制軍醫科考試，得最優等内科醫士證書。旋奉端制軍檄，特派爲考察日本醫學專員。又奉盛宫保檄，特派爲調查日本東京養育院、岡山孤兒院專員。在日本得唐惠琳撰《一切經音義》百卷、遼希麟撰《續一切經音義》十卷，二書網羅古訓，博綜羣籍，雖所引各條原書大半散佚，然尚可以正經史傳注之譌脱、訂古今音韻之得失，其有裨於許氏《説文》之學及編輯隋唐以前之佚書者，爲功尤鉅。惜其書吾國久佚，乾嘉諸老未能一讀之也。其後即以此書付石印，以廣其傳。庚戌，三十七歲。是年南京開南洋勸業會，余編刊之醫書及所製各藥，皆得該會最優等獎憑。辛亥，三十八歲。全家移居上海。八月，武昌革命軍起義，海内響應，滿清亡。是歲次女雪芬生。民國元年壬子，三十九歲。四月，舅氏薛耀庭先生卒，年七十有四，余奔喪回里。先後刊行醫學書數十種，名曰《丁氏醫學叢書》。癸丑，四十歲。余之《醫學叢書》，在德國都郎萬國賽會及羅馬萬國衛生賽會，皆列入最優等，得文憑獎牌等物，又得内務部獎證二紙。甲寅，四十一歲。四兒壽康生。戊午，四十五歲。余以書籍捐入無錫第一高等小學校圖書館及縣立圖書館，值千數百元。余性喜書籍，歷年所收約十餘萬卷。大兒永康忽得精神病。是歲余始茹素，箋註佛經。庚申，四十七歲。自正月起家慈之病日益重篤，神識日益昏糊，漸漸不能飲食，延至二十二日戌時棄養，享年八十四歲。烏乎！吾康强慈惠之母氏，竟棄不孝等而長逝邪。先君見背，至今二十有三年，余今又爲無母之人矣。莫報劬勞，徒悲罔極，非詩廢《蓼莪》所能伸其哽噎也。辛酉，四十八歲。余於佛教根本大法無有真知，見解不如華純甫君，切實不如朱縉卿君，以一介凡夫，貿然輯書註經，未知能免杜撰之過否耶？又念佛念經功夫太少，知修行頗不易易。是歲，《佛學大辭典》出版。山東高等檢察廳廳長梅光羲居士以余所編之《佛學指南》、《六道輪迴録》、《佛學起信編》，呈請司法部作爲監獄教誨書，已核准。壬戌，四十九歲。永之姑歿於新廟前舊宅，年八十二歲，回無錫料理喪葬事。作《一切經音義》提要。余因習道家言者，苦於無書可讀，乃發家中藏書，擇道書中精華一百種，分爲十集，名曰《道藏精華録》，付梓以餉閲者，兼印《道藏續編》。甲子，五十一歲。余前因學佛者無入手起信之書，故編《佛學撮要》、《佛學指南》、《佛學起信編》、《佛學初階》、《學佛實驗譚》等十餘種，又因佛經猝難索解，故用漢儒註經之法，箋註《佛遺教經》、《心經》、《金剛經》、《淨土三經》、《六祖壇經》等十餘種。又因學者無檢查之書，故印《佛學大辭典》及《小辭典》，又印《翻譯名義集》、《三藏法數》及一百十卷本《一切經音義》，皆别印通檢以爲總目。余流通佛書之初願，至此已告一段落。回憶三十年前擬編之《説文詁林》，時作時輟，久未告竣，今將一切書稿停辦，專心薰理《詁林》一書，因作《詁林》前後序及纂例三十條。乙丑，五十二歲。爲次兒惠康娶會稽道尹黄涵之先生次女爲婦。以七千元捐入宗祠，採其息爲族人教育之補助費。丁卯，五十四歲。吾家第六次纂修宗譜，始於甲子，至今歲二月，始行告竣，余捐助經費四百元。是歲孫女蓁寶生。戊辰，五十五歲。次兒惠康開上海肺病療養院於大西路，凡愛克斯光鏡、高山太陽燈、人工氣胸術等皆備。是年《説文詁林》全書出版。鈕惕生、葉楚傖兩先生薦余爲《江蘇省志》編纂員，余堅辭不就。己巳，五十六歲。薛梅初表哥卒，年六十有三。余回錫祭弔，送柩至惠山聽松山莊，不覺感從中來。吾人自呱呱墮地之時，本無一物帶來，其後所得之眷屬，以及功名富貴，皆偶然之相值也。人生數十年中，既有眷屬一切，則疾病死喪水火盗賊得失等事，自不能免，實皆夢幻泡影也。蓋世間一切，緣來則聚，緣盡則散，一棺附身，萬事都已。此時除所作之功德罪孽外，無一物可以帶去，既無一物可帶，則在世時又何必以偶然相值之疾病得失等事，動我天君也哉。平生一切好惡因緣，須與一刀斷絶，不可更有絲毫牽罣，物來順應，物去不留，二六時中，常提一句佛名，誓盡此一生，歸依浄土，他日臘月三十日大限到來，自然别開一番殊勝境界，此即吾人歸宿處也。余昔年曾以三千銀元捐助無錫平民學校經費，今平校輟辦，遂託華純甫先生撥入普仁慈善會，爲周濟孤兒寡婦之資焉。是歲孫亨寶生。庚午，五十七歲。三兒士康患腎臟結核已二年餘，延至五月九日逝世。士康天性好學，言行謹飭，約翰大學三年級學生，前年因游學菲列賓而得此絶症，年僅二十有三。余影印《欽定詞譜》四十卷、《全上古三代秦漢三國六朝文》七百四十六卷，皆出版。余在此二十年中喜印文學書，如《漢魏六朝名家集》四十家，《歷代詩話》、《續歷代詩話》各二十八家，《清詩話》四十二家，《全漢三國晋南北朝詩》五十六卷，又影印《聲調四譜》、《唐詩紀事》、《聽秋聲館詞話》、王荆公《百家唐詩選》、汲古閣《五唐人集》、《詩詞雜俎》等數十種，邇來人不悦學，推銷非易，折閲甚鉅。辛未，五十八歲。編《説文詁林補遺》百三十卷，須數年方能脱稿。回溯自三十五歲來上海刊書行醫，至今已二十三年矣。其所刊之書，若算學、醫學，雖有數十種，皆帶時間性，時過境遷，宛似已陳之芻狗，無足述者。所刊佛書二十餘種，惟《心經精義》、《六祖壇經箋註》及《佛學大辭典》，稍有可存之價值。此外如《少年進德録》、《少年之模範》、《讀書録録》、《陶淵明詩箋註》、《老子道德經箋註》、《静坐法精義》等，皆單本小種，不足掛齒。近十餘年來，專致力於《説文詁林》一書，所費三萬數千金，勞且糜矣。胡樸安先生通告中國學會各會員云：「丁君所編之《説文詁林》，可謂文學界中之大著作，采書一百八十二種一千三十六卷，其前錢可廬、王南陔所未竣功者，至丁君始成之，予讀其書，有四善焉。一，檢一字而各學説悉在也。二，購一書而衆本均備也。三，無删改，仍各家原面目也。四，原本影印，决無錯誤也。故無論藏有文字學書或未藏有文字學書者，皆不可不備此書。」于右任先生曰：「《説文解字》爲研究國學必備之書，自遜清乾嘉以來，關於《説文》之著作品，不下一二百種之多，學者如欲檢查一字，非遍檢各書不可。而單文零義之散見於各家文集及筆記中者，一時尤難檢閲。今丁君編輯《説文詁林》，合原書一千餘卷，囊括有清一代許氏之學，匯爲淵海。檢一字而頃刻即得，得一字而各説咸備。凡古書中之所謂某爲正字、某爲借字，某爲古文、某爲異文等，昔人窮老盡氣而不得者，今費半小時即可得之。所以此書不僅集許學之大成，實亦治《説文》者最便利之捷徑也。」汪袞父先生曰：「往余嘗有志採集清代諸儒治許學之書，汰其繁蕪，撮其精要，爲《説文義疏》。先仿集理堂作《孟子正義》之法，排比羣籍，以爲長編，牽於人事，因循未果，每以爲恨。今讀吾友丁仲祜先生所撰《説文詁林》，彙聚大小徐及清儒臧玉林以下諸家有涉《説文》之書一百八十餘種一千餘卷，條分縷析，繫諸許書每字之下，一展卷間，而衆説咸在，精粗詳畧，罔有逸遺。此真余平日夢寐所求，欲發憤自爲而未能者，而仲祜以三十年之力成之。乃嘆仲祜爲學之篤，百倍於余。而此後學人治《説文》者，賴此書之成，得以不費日力博觀衆家。憑籍既富，抉擇斯易，義疏之出，亦將旦暮遇之，則仲祜之所以嘉惠藝林者，甯有涯涘耶。」吴稚暉先生跋「詁林精舍」扁額後曰：「仲祜先生博精小學，又好禪理，頻年綜貫許氏書，爲《説文詁林》兩巨編，垂惠藝林，比迹儀徵、長沙而有餘。顧先生止逃佛隱海市，如惠琳之潛養，以餘力治諸經音義，其韻致相髣髴。額小篆曰『詁林精舍』，聊以寄意，其友吴敬恒作篆張之。」拙編《説文詁林》，雖失之駁雜，不足以當諸君之稱，然在余所刊各書中，當以此爲最鉅矣。今年重印《詁林》，至年終全書出版。五月二日，爲楊筱荔、楊石漁兩先生重游泮水之期，因回無錫，參與謁聖典禮。是日，在庠諸生同詣孔廟謁聖者共百五十餘人，亦極一時之盛矣。余禮謁之餘，巡覽從祀諸先儒木主，有許慎、光緒元年從祀，位后蒼下。輔廣、光緒五年從祀，位黄幹下。游酢、光緒十八年從祀，位楊時下。呂大臨、光緒廿一年從祀，位謝良佐下。黄宗羲、宣統元年從祀，位甯道周下。王夫之、宣統元年從祀，位孫奇逢下。顧炎武、宣統元年從祀，位王夫之下。趙岐、宣統三年從祀，位杜子春下。劉因、宣統三年從祀，位趙復下。顔元、民國八年從祀。李塨、民國八年從祀。十一位，皆近六十年内所新增者，故爲舊刻文廟祀典各書所不載，謹敬繕録，以誌嚮往。余自十四五歲時，喜爲詞章之學。後讀朱子《小學》、《近思録》等書，爲宋儒之學。其後又爲漢儒考據之學。博而寡要，擇焉不精，泛鶩十年，一無所得。又因世變日亟，謀生大難，於是乃專攻算學，先後爲算學教習者凡六年。又兼習醫學，在上海爲人治病者廿三年。節衣縮食，僅致小康。今年欲補讀少年未讀各書，盡發遺編，以償素願，故杜門謝客，已不復爲人治病矣。余天性魯鈍，口才體力，文章學問，事事皆不如人，故不敢爲奔走夤緣乘機攫利非分之爲，而即此閉户安居，有饘粥足以果腹，有蔬果足以適口，有布帛絮綿足以蔽歲寒，有子女足以娱晚景，有奴僕足以應門户代灑掃，有敝車一乘足以代步，有小屋十餘間足以蔽風雨，有老友七八人每逢七日來復之初咸集詁林精舍，足以破岑寂而爲麗澤之資，有書十五六萬卷時時涉獵，足以消餘暇而爲温故知新之一助。此種冷淡生活，在十丈紅塵中，雖不爲世所欣羡，而余則已覺享用之太過矣。烏乎！年近六十，寡過未能。讀書不克實踐，學道未能深入。欲以駁雜不純之學，以自文其淺陋，聊一覆視，輒自恧然。尚冀天假之年，一心學佛，痛改習染，庶得還我父母未生前本來面目。《書》曰：「人心唯危，道心唯微。」晚年懺悔，未知果有實效否耶？濡管綴辭，爲之長喟。

附録二　印光與丁福保書

復丁福保居士書一

適接來書，不勝慚惶。印光以隨行粥飯僧，迫不得已，搬出許多殘羹餿飯以塞責。其氣味酸臭，形質腐敗，瀆人法眼。而蔚如喜其有益餓者，爲之傳布。閣下縱亦欲引餓者飽餐王饍，先以此種接其氣息，則已甚屬垂青過盼。何得以省庵之後，推爲第一？使光能爲省庵提鞋，當不至搬弄出此種過活，况曰文章奪過乎哉。擬人必於其倫，閣下愛光雖深，其如自己失言何。須知省庵之後，有大高人，其過與否，不敢以凡情妄斷。當在比肩齊驅之列，絶無稍遜其學問見地操持德業者，徹悟禪師也。蓮宗十祖，毫無慚德。光尚不敢謂爲後裔，况曰同列乎哉。觀世音菩薩尋聲救苦，隨類現身，事多義廣。光昔欲修《普陀志》，徧閱群籍，悉會萃而輯録之。其有人所疑議不能徹了處，加以評論。以期於凡屬同胞，咸沾恩澤。但以宿業不消，有目如盲，無從措手。今閣下發此大心，可釋印光一大憾事，感極慰極。白衣咒未見出處，想菩薩俯順劣機夢授之類也。然以至誠心念者，無不所求皆應，有願必從。但佛門知識，不以此教人，以無出處，恐啓人杜撰，及妄謂佛經皆非的確從佛國來，多屬後人僞造之端耳。俗念增數句，乃祝願之詞，有亦無礙，無亦無礙。王漁洋所記未附入函，亦不須寄來。菩薩隨機施化，不可以常格測度，豈可以凡夫知見而爲判斷？但當仰信而奉行之，則其利溥矣。杭州昭慶經房，有《觀音靈感賦》，但內中敘事多有節畧過甚，詞不達意處。又有《觀音持驗記》，閣下不知有否？去歲孟由託蔚如由東洋藏抄出寄來，係周克復集，只三四十頁。若無，祈函示，當即奉上。《海南一勺》，其事蹟甚多，皆堪採集。光愧目力不給，不敢從傍輔贊。倘目力好，當爲閣下效力，令成完璧。雖死亦無遺憾矣。昨已與雲雷函，令爲先印五百部《文鈔》。其留板用紙等，皆祈伊與接洽。今日法雨有開祥大師至申，令交雲雷一百洋元，閣下五十元，亦交雲雷。迨其印出，令彼按書價算，五十元共請多少部，分做兩分。一分知會閣下，自差人去印書館取。一分直寄普陀交光。此番所請，光實無力奉送。其一百元書，乃爲二三友人預備而已。（六年三月四日）

雲雷信，祈送洋時持去，彼不常在館，當於下午五點鐘去，則不錯過。

復丁福保居士書二

昨接《佛學初階》一書，不禁感愧之至。光乃無所知識，强應世緣，隨自己愚見所説之蕪語，雖意稍可取，而文不雅馴。閣下於後載其數篇，恐大雅通人閱之，或譏閣下失審矣。閣下唯以啓人正信爲心，光去歲曾擬以《佛學起信編》結緣，閣下乃以自己發心，拒不取資。今有福建福寧福鼎縣北關高邵麟者，宿有信心，近數年來專修淨業。三年前光曾與伊寄去經典數十種，約值廿多洋圓，以其地僻居山中，兼以苦寒，無力購請故。近一二年又有陳延齡者，亦當縣北關人，蔡茂塘者，乃南關人，每有信來。光去歲將所刻《安士全書》，三人各寄一部。伊等亦欲利人，遂於秋間起一講演會，請一僧人放蒙山一堂，大家同念佛回向，然後隨自力講演善惡果報及净土法門。去歲入會六七十人，今年只有五六十人而已。伊等以當縣從元明來，未聞一開講會，今夏特請台宗法師講經。然此事亦不過發起當地人之信心而已。若曰解了其義，則實非易事。况地方窮苦，亦不能常常舉行。竊念閣下所著《佛學初階》，於彼頗爲合機。以其先説因果，後説净土，凡通文義者，皆能領會。讀之者，自有欣欣向榮，欲罷不能之勢。演説者，亦可就文宣説，不須東摘西采，誠爲勸善入佛之初步。本擬令彼等向貴局購請，但恐彼等法財不給，或致失利。倘閣下肯發大慈悲，行大法施，寄三幾包去。令彼每月按文講演，俾當縣人民，悉知因果，咸修净業，其功德固勝於施富貴人千萬倍矣。其《佛學指南》、《起信編》、《六道輪迴録》，亦各寄一二册去，以便彼等采取演説耳。如寄，當於皮面寫福建福鼎縣北關交高邵麟收。《佛學初階》末後之「静坐法精義」，名實不甚符合，似宜云「諸宗要典畧紀」。至下似宜云：近來刻行佛教諸宗之著述極多，若不得其要，或恐望洋而退，以故於各宗中擇其要者標示一二。欲研究某宗，先取某宗之要書讀之，自可由約而知博，一了而百了矣。去歲印光蕪鈔寄來時，擬爲高邵麟等寄三幾包，以每年二月有李俊景居士（亦在北關，其人樸實，不通文理）者，陪諸善信來山進香，欲待其來，令彼帶去。誰料今年未來，後以要者多，故致散完。待印書館出書，當將閣下樂施之書寄去，令彼當縣人民，沾閣下之洪恩於無既也已。（六年四月十八日）

復丁福保居士書三

印光幼失問學，長無所知。寄食普陀廿有餘年，一切緇素，概無交遊。不意閣下以博學鴻詞，宏宣大教，俯賜大著。而且稱之爲同志中之同志，感愧無極。光生即病目，今年臨耳順，衰頹愈甚。不但大著之字不能多看，即藏經之經寸大字，亦不能多看，宿惡業力，奈何奈何。一二日間，稍事涉獵，見其註語頗契初機，語語有根，言言合道。不謂於今得見斯人。其中亦有光見不到處，欲逐一請教，以除疑障。繼思我未明心，人有異見。昔於《佛學叢報》，頓起杞人憂天童子讚簀之念。因上章程九條，企其改定成規，有光法道。一乘居士置之不閱，今敢又蹈此敗辱乎？今寄《印光文鈔》一本，祈垂麈政。此鈔係海鹽徐蔚如排印施送者。民國二年高鶴年至山，紿印光蕪稿至滬，黎端甫令録四論以登報。彼固知光素不欲人知，遂以上佛學報館書之别名署之。徐居士見之謬加佩服，偏詢其人而不能得。既而知爲印光，即託狄楚青爲紹介，欲於未會之先，預通信札。光以人微德薄，學業膚淺固辭。彼遂偏詢友人，得其蕪稿若干篇，並佛報中所録，排以刷印。今春三月末，持三十本至山訪光，又將其餘蕪稿，一併要去。擬欲將已印未印一併編輯，刻諸棗梨。光數十年來，無事不親翰墨。或爲人所差，及與友敘懷，秃筆俗話，絶不堪觀。彼既謬加讚賞，只可將錯就錯任緣而已。其文鈔中，尚有上十錯字，以目力不堪，故未曾標。《宗教不宜混濫論》，被佛報館添百餘字。一往觀之，似乎暢順，細心研之，頗不安適，因令仍依原文録之。普陀乃香火門庭，專心研窮經論者少。兼以印光絶不預事，不與士大夫結交，識人甚少，無由推行經股勝事。然一念愚誠，竊爲閣下貢之。流通佛經，非報紙小説等比，必須慮及久遠，方有實益。鉛印雖便，究非久遠之計。以鉛印墨中，多加藥汁，久必褪落。宜刊木版，方可傳遠。印光上佛報館書，正爲此事。文鈔所録，乃爲友人節録數段耳。異地同心，異室面談，既以同志相許，當不以不隨某某之讚譽見責也。（民六　六月十八日）

復丁福保居士書四

印光於十八日奉上蕪函及拙鈔，不知曾收到否？不意閣下亦於兹日復示手教。其同心相感歟，抑偶然符會爾。所云念佛儀軌，須分同衆、獨修兩種。若同衆修，當依日誦中念佛起止儀，庶可通途無礙，彼此攸宜。至於獨修，雖可隨人自立，然其念誦次第，不可錯亂。所云放下身心，閉目凝神，念《浄法界護身咒》及默想《讚佛偈》，禮佛及三菩薩畢。若誦經，則誦《彌陀經》一徧、《往生咒》三徧畢，然後朗念《讚佛偈》畢，即接南無西方極樂世界大慈大悲接引導師阿彌陀佛。即唯念南無阿彌陀佛，宜圍繞念，或數百聲或一千聲。末念觀音、勢至、清浄大海衆三菩薩，然後念《發願文》。文畢念三自歸。是爲一期起止。若欲多誦經，多持咒者，當另立一誦經時。若一時併行，當先誦經，次誦咒，次讚佛念佛，次發願三歸。此決定不易之次序也。

十念一法，乃慈雲懺主爲國王大臣政事多端，無暇專修者設。又欲令其浄心一心，故立盡一口氣爲一念之法。俾其心隨氣攝，無從散亂。其法之妙，非智莫知。然只可晨朝一用，或朝暮併日中三用，再不可多，多則傷氣受病。切不可謂此法最能攝心，令其常用，則爲害不小。念佛聲默，須視其地其境何如耳。若朗念無礙者，宜於特行念佛儀軌時朗念。然只可聽其自然，不可過爲大聲。過爲大聲，或致傷氣受病。倘所處之境地不宜朗念，則只可小聲念，及金剛持。其功德唯在專心致志，音聲猶屬小焉者耳。除特行念佛外，若終日常念，固宜小聲念，金剛念，默念。以朗聲常念，必至於傷氣。未證法身，必須調停得中，方可唯益無損耳。朗念費力，默持易昏。散持雖亦功德難思，較之攝心淨念，何啻天淵。光於此數則，曾頗費研窮。去歲得一巧方便法，書示知己，皆同讚歎。若已成片，固不須此。若未成片，及一切初機用之，皆無不宜，唯益無損。閣下即無須此法，亦當爲修淨宗不得其門者試之，以普告來哲云。其法在《印光文鈔》第四十五紙第八行下，祈檢之。前見大著《讚佛偈》，「相好光明」，作「相色光明」，意其排印偶錯耳。今函又作「相色」，知閣下有意改之。夫此八句，乃宋桐江瑛法師，撮舉淨土三經之大義而立。無一字無來歷，何得妄改。《觀經》云：「阿彌陀佛有八萬四千相，一一相中，有八萬四千隨形好，一一好中，有八萬四千光明。」閣下深通佛法，何以見不及此。兩箋註中，此類甚多。光擬欲詳言，恐人不見諒，故曰我未明心，人有異見。茲因虛心下問，不妨特發其凡。閣下果真爲佛法爲衆生計，當不以衝突見責。若唯欲讚美，當向趨時附勢者商畧。印光雖劣，不願行此蹊徑。王耕心《彌陀衷論》，不識如來權實法門，不識衆生根機差別。凡有與己不合者，皆指之爲誤。抹殺千五百年諸善知識，獨推出一省一大師，以顯己之由聖師傳得佛真宗。雖曰弘法，實伏壞亂佛法，疑誤衆生之深弊。其書斷斷不可流通。周孟由曾向光讚其痛切，光畧説其弊，彼猶不死心，遂寄其書來。光宿造失目之業，今敢仍蹈此轍，遂極陳其弊。彼猶未能盡信，將光之書寄徐蔚如，蔚如謂光所批判，具有特識，因將楊仁山駁語見寄。孟由將彼此所説，一併見示，故知印光實非臆説。而仁山先生駁語，多在文言，印光駁語，多在大體及心病耳。流通佛法，大非易事。須求契理契機，斷斷不可師心自立，矜奇衒異，以取悦一時新學知見而已。既屬知己，不妨直詞以進。（民六　六月廿三）

復丁福保居士書五

前月廿八日敬接惠函，併所著儒佛諸書，捧讀之下，感愧無極。印光尋常粥飯僧耳，無事不親翰墨。迫不得已，秃筆俚語，聊取塞責。何得過爲讚譽，致失切磋琢磨，麗澤輔仁之實益也。閣下博學多聞，爲儒門躬行君子。所著《讀書録》及《少年進德録》等，悉皆精微純粹，吾無間然。允爲聖教金湯，後生模範。至於佛經箋註，雖大體淵懿美妙，而其中頗有小不恰處。瑕瑜不掩，斯之謂矣。以閣下之學問見地，何爲亦有見不到處？良以佛法乃超凡入聖了生脱死之法，其中若文若義，若事若理，有與世共者，可以常情測之；有不與世共者，不可以常情測之。印光固愚癡無似，出家三十餘年，不敢疏經之一字一句，以己未明心，曷能仰契佛意故也。古人註經，有十年八年註一部者，有畢生只註一部者。若天台、賢首、永明、蕅益等，實係久證法身，乘願弘法，未可以泛常比之也。閣下研究佛經，不過三數年，便能窮深盡奥如此。若用十餘年工夫，印光當於所註，一字一拜，一以報弘經之恩，一以企永劫流布耳。今以謬許同志及與知己，又令一一指其見不到處。然光目等生盲，不能一一詳閱，姑就所見，畧標一二。而愚忠無補，狂言駭聽，但可作研究商量之微資，未可依決定無疑之確論也。祈垂塵政海涵，則幸甚幸甚。如來生期，多有異說。雖則皆有理致，究不如周昭王二十四年者爲恰當。以漢廷效夢時，通人傅毅、博士王遵，以此見對。而又據《周書異記》作證。今雖《周書異記》不可得見，而漢廷問答，決非杜撰。況歷代禪教著述，多皆以此爲準。斷不可捨衆人之所依，而自立新義，以添後世無學之人之疑。縱有一二部書依此而說，乃係有志衛道，而未博覽羣書，意以莊公七年恒星不現，夜明如晝，非佛出世，何以當之。不知非常之人誕生，及非常之法流布，皆有非常之瑞。豈唯如來方有，而其餘縱法身大士示現概無乎？禪書記南嶽讓生時，白氣屬天，太史上奏，則此祥瑞，其軼逸不傳者，不知凡幾。若必以莊王九年爲是，閣下後來詳閱佛門典故，其前後年代皆不能致論。何以故？以佛生在後，佛弟子及佛遺跡事實在前。既不肯謂佛生在前，又不能挽此諸事於後。若緘默不論則已，論則自相矛盾矣。況序中以昭王二十六年註之（有謂甲寅屬二十六年，然作二十四年者多），經中以莊王九年註之，一人之著作，豈可立此歧論？實大有礙於初機。故以閣下無我而志在利人，不得不少盡愚誠。惜無多聞性，不能一一援書而證明之，殊深歉仄耳。

諦法師《彌陀經箋註序》，謂通經居士出手眼疏解者，概喜繁言莊飾，併下二句，其説頗不妥貼。註中引紀大奎謂《華嚴》名義極繁，然實頭緒井井，自應只就本文名色體會，清涼添出行布圓融四法界十玄等名色，爲裝塑，爲疊床架屋等，實令人驚駭無似。不意以黄居士及閣下之見地，而引此以註釋諦師之序，致通人咸所驚怪。啓後人皆競駁古，其弊誠非淺淺。故不得不言，不忍不言矣。竊以佛所説法，被九法界。後世註者，各隨一類之機而立言。其欲利初機，非詳釋訓詁字義文義不可。其欲利大機，非詮釋大義仰體佛意不可。二者各有所主，非二者各有是非。故天台釋經，有因緣約教、本跡觀心之不同，以經義淵深，未可以一文一義而盡也。若只許依字義文義釋經，則盡世間識字讀書文人，皆悉道高清涼，心契佛心，而清涼反爲破壞《華嚴》第一罪人矣，有是理乎？君子一言以爲智，一言以爲不智，言不可不慎也。如唯依文義，而《華嚴·入法界品》，海雲比丘謂如來爲我演説普眼法門，假使以大海量墨，須彌聚筆，書此法門一品中一門，一門中一法，一法中一義，一義中一句，不得少分，何況能盡？便爲妄語，便爲自破《華嚴》。而天台、賢首諸尊宿，皆佛門之罪人也。紀大奎之言，何可引以爲證？然推其本心，亦非故作排斥。但以世間文字知見，論出世間不思議大法，其原由未親近明眼知識，遂致弘法而直成謗法也已。

下論《彌陀經箋註》初閲，星即三千大千世界，不勝驚異。再閲，過十萬億佛土註，及三千大千世界註，又不勝驚異。何閣下既知其實事實理，作此無稽之説？祈下次出版《箋註雜記》第一段或全取消。否則將星即世界等文，改令與後註相符，則有益而無損矣。如來舌相，覆面至髮，此三藏佛舌之常相。若爲界内小機衆生決疑，則出此舌相，以表不妄。徧覆三千大千世界，亦可作譬喻説。若謂絶無其事，歷來註者，皆是呆看呆解。葉錫鳳之流見之，便稱讚不已。通人達士觀之，當痛惜嗟吁，謂閣下以極力弘經之心，竟作此謗佛謗法謗僧之語矣。葉錫鳳一介儒生，經文血脈語意，尚不了明，便肆無忌憚，謂古之作是註者，誕妄不經，無理之極，殊足令人發一大噱。彼作此説，亦以凡夫知見，測度如來不思議境界，而經文絶未明了而致然也。今不避繁芿，聊爲釋之。三千大千世界，爲一佛所王之土。當釋迦如來説西方極樂世界依正莊嚴，彌陀光壽，衆生持名，即蒙接引等事之時。東方有恒河沙三千大千世界，有一世界佛名阿閦鞞，一世界佛名須彌相，乃至一世界佛名妙音，於東方恒河沙數三千大千世界之佛中，畧舉五名，下以如是等超畧而全舉之。其恒河沙數諸佛，各在彼自所主三千大千國土，聞釋迦説此稱讚不可思議功德一切諸佛所護念經，欲令法會大衆生信發願修行，各各皆於其國現大神通，出廣長舌相，徧覆三千大千世界，説誠實言，汝等衆生，當信是釋迦牟尼佛所説，稱讚不可思議功德，一切諸佛所護念經。下五方皆如此。即唐譯十方，不過廣其所畧。實則秦譯不減，唐譯不增。葉氏不知各佛各有國土，當作此一世界東西等方，有恒河沙數佛，遂慮其抵觸，憂其山川人民無可容處，而更憂其諸佛之舌陵躐而無地安放，直令人笑得齒冷。而彼固洋洋自得曰：「吾補經之缺，正僧之訛，淨土三經，今而後可以無憾矣。」夫娑婆世界三世三千佛，其出各有時節，前後不亂。一佛出世，一切諸佛縱欲助宣法化，皆不得現作佛身。故觀音、文殊等，悉皆隱十力德，現菩薩身。一如天無二日，民無二王。法道統緒，必須歸一。葉氏不知此義，尚令閣下受其迷惑，則其惑人之多，多於恒河沙數矣，惜哉。

《雜記》第二紙第一行，「星球」二字宜去。

十五紙，「非是算數之所能知」（註云多至不可勝數），義雖明瞭，字未訓清。算數者，算計之數也。此方，則一十百千萬億兆京秭垓壤溝澗正載是也。佛經，則如《華嚴・阿僧祇品》所説，有一百四十數，而無量無邊，皆其中之數名。故蕅益云：「阿僧祇無量無邊皆數名，實有量之無量。」以既是數名，則有量，然經中實總顯不勝其多，則是無量之無量矣。

《觀世音經箋註》「爾時無盡意菩薩」下，宜加註云：「爾者此也，其也。爾時者，即説《妙音菩薩品》已竟之時也。」十六紙十八行，（第二行小字）「觸」訛作「觴」。

《心經箋註雜記》第二紙十一二三四行，高宗心經石刻，咒語不同者，係高宗初年章嘉喇嘛將一大藏咒，通用蒙古喇嘛念法譯之，名《滿蒙番漢合璧大藏全咒》。其滿字、蒙古字、番字，皆不可識。即漢字雖可識，而有二字三字四字書作一處者。若不向蒙古及西藏人學之，則不能讀，讀亦不得其法。然自漢至宋千有餘年，譯經之人，若非法身示現，亦屬出類拔萃英烈丈夫，豈皆不通咒語。而必於章嘉所譯者生崇重心，起奇特想，則是捨衆聖之同然，而守一賢之獨然矣。其可乎哉？

《金剛經箋註》第十三紙，第九、十，二行四句偈，古今所説不一。彌勒爲補處之尊，以無我相等答者，對病發藥也。如禪家無論問何義，皆指歸於向上一著耳。若謂彌勒極盡經中四句之義，則是門外漢之知見耳。中峯國師謂：「『於此經中，受持乃至四句偈等』，其四句偈上，必有『乃至』二字，下必有『等』之一字，是指未能受持全經，或大半卷、少半卷，乃至最少四句，及一句耳。」中峯此言，甚得釋文之法。而從來註者，每崖板謂偈必非散文，不知西域梵經横書，每排以三十二字爲準，故記《華嚴》字數曰「有十萬偈」，非全經皆偈也。又無論文字多少，以詮義盡者，即爲一偈。非必於經文外，唯指四句者然也。若謂偈即是偈，則全經皆無功德，唯偈方有功德，豈非謗佛謗法謗僧？只此最淺近之「乃至四句偈等」六字，多少腹藴萬卷，文雄一世者，尚不奈何，佛經豈易言之乎？

《四十二章經箋註》九紙第十、十一、二行，「三世諸佛及無念無住（『住』字訛作『任』）無修無證之者」，當依蕅益「三世諸佛，約藏教果頭。無念住修證，約圓教初住以上」而説。否則屈極尊爲下寮，推下寮爲極尊。縱能强説理致，終是徒造口業。佛經豈可唯執訓詁而解釋哉？十六紙十行，（註小字二行）「長者如母」，「母」訛作「女」；又十八行，「功曹」，當作元帥講，則經義自明。以下文功曹若止，從者都息，故功即功能，曹即曹輩。曹輩之功，皆歸統領一人，謂元帥爲功曹。

《佛遺教經註》十七紙第五行，「善導」，當作導引行路而説。故下云「導人善道」。道，路也，即引行好路，若導者指以正路，而聞者不行，非導者之過也。經以佛爲大導師者，皆以引人行正道而立名也。

《盂蘭盆經註》四紙十六行，（小字二行）「始竊道士之名」，「竊」訛作「窮」。

《高王觀世音經註雜記》一紙十三行，「雲棲大師擔荷法道，深恐後世無知，效尤作僞，故作是説」。非雲棲未閲《法苑珠林》等書，而冒昧言之也。此經無文理，乃確論也。有功德者，以盡屬佛菩薩名，念之自能消業障而增福慧矣。菩薩隨衆生之庸常心，故夢授此經。若專門研究佛學之士，自有一大藏經在，何須致力於此？古今多有夢感神授等經，然皆不敢流通，深恐妄人憑空妄造，開僞造之端，斷唯知儒門道義，而未深明佛法者之善根。（謂彼謂佛經，皆後人僞造。）故《大明仁孝皇后（永樂后）夢感佛説第一希有大功德經》，當永樂時即入藏，至清高宗三十年奉旨撤出，以防杜撰。故翻譯佛經，必須奉旨。其譯場中，有譯梵文者，有譯語者有迴綴者（西方語多倒，故須迴綴。如「波羅蜜」爲「彼岸到」，乃到彼岸也），有證義者，有潤文者。其僧俗，少則數人，多則數十人。其潤文者，率皆當權重臣充之。如此認真，絲毫不容苟簡。而後世無知儒生，尚謂佛經皆僧徒剽竊老莊而爲之。何況直以渺無來歷之經流通，欲令不因此經以疑西來翻譯之經，豈不難哉？閣下註此經，宜將雲棲護衆生心，護佛法道之心，表而出之。勿謂雲棲正訛有訛，則兩全其美矣。雲棲、蕅益，乃末法之大導師、真模範也。祈觀彼著作時，推原其心之用意處，則自法法頭頭，皆與機理符契矣。

《佛經精華録》三十六紙九行，「《未曾有經》」。十二部經，通於一切諸經。有一經具足十二部者，有少一二三四五部者。所謂十二部，華言即長行、重頌、授記、孤起頌、無問自説、因緣、譬喻、本事、本生、方廣、未曾有、論議。内中長行、重頌、孤起頌，三者約文而立。其餘九者，皆約義而立。未曾有部，記佛菩薩種種不思議大神變事。此經亦以此義，故立此名。不可以爲十二部經之一。四十紙六行，《梵網經》中十戒因緣法業，皆悉顛倒錯亂。查閣下註語，有無不一，然係録合註之文，「殺戒、（在十三行）方便殺」，「殺」字脱落；十四五行，「殺因、殺緣、殺法、殺業」，何得作「殺業、殺法、殺因、殺緣」？因謂發此殺心，緣謂方便助成殺事。如設方定計，及礪刃合藥等。法謂持刀劍毒藥去殺；業謂其人命斷，殺事已成。凡事成者，概名謂業。其先後次第，深淺親疏，秩然不亂。何閣下自立科條而移易之乎？殺盜二戒，則業法因緣。餘下八戒，皆又作因業法緣。

妄語戒中，「妄語緣」下註，全録合註。何以節去「以顯聖德」四字？須知行來動止，語默威儀，種種方便，皆欲令人謂己已證聖果，故曰以顯聖德。去此四字，便不顯妝模作樣之一片妄語本心矣。此經文本無錯謬，而合註又極明了。何得違經叛註，自立章程乎？一條則曰偶錯，十條豈是偶錯乎？

凡録佛祖經論，須先經，次論，然後方及此方著述。經論又須先大乘，次小乘，不可前後倒置。如綸音告示，不可倒列。一部中不能如此列者，一門斷不可不依此而列。否則令無知者藐忽佛經，而大方家謂不知法耳。

又《梵網經》「妄語戒」註，「前人領解」。前人，即指爲彼所説妄語之人。領解者，其聽妄語之人，已領會解了也。若不領解，則業尚未成，領解則業成矣。今改作「使人領解」，其解與不解，未可知也。第十戒中亦然。又第十戒原文：「若佛子自謗三寶，教人謗三寶，謗因，謗緣，謗法，謗業。而菩薩見外道及以惡人一言謗佛音聲，如三百矛刺心。」署作：「菩薩見人謗佛，如予刺心。」（註云：「予」字讀「與」。）祈改正而削除之。

蕅益大師久證法身，乘願再來。其學問、見地、行持、道德，不但末法不多見。即隋唐佛法盛時，高人如林，若在此時，亦屬出類拔萃之不思議大士。凡所著述，機理雙契。閣下但將唯執訓詁爲是之心放下，息心研窮而體會之，其法喜之樂，當獨契於心，而不能開口向人言之。何也？以其所得皆失，而歸無所得也。

法雨寺有明南藏及清藏，又有許多寧揚等處新刻書册經，但發心看者頗少。一則真發道心者少，一則真有學問天姿者少，爲可惜耳。

譚鬼之末，穆彰阿一事，閣下所判雖佳，而究非實義。今不惜口業而畧明之。穆彰阿之居心行事，無不是惡，而臨終預知時至，別衆坐脱者，其人宿世有大修持，定慧力深。今世雖迷而造業，依現生而論，當直入阿鼻地獄，窮劫受苦。而今世之惡業未熟，宿世之善業發現。倘能承宿善力，力修淨業，仗佛慈力，往生西方，則今世所造惡業，即可不受惡報。倘不知此義，仍舊循業而已，則宿世之善業盡時，今世惡業即復發現，其苦有不可勝言者。於現生中善人得禍，惡人得福，凡夫不知前生宿業，謂爲因果有差，報應多爽。有他心、宿命通者，見其絲毫不乖，情理兩得。穆彰阿之善終，非幸也。楊繼盛之屈死，非不幸也。各各皆有前因與後果，爲之酬償對越也。報應之道，種種不一，未可以現生爲斷也。故經明三報。三報者，謂現報、生報、後報。現報，謂現生作善惡，現生受禍福，此世間凡夫所共知共見者也。生報，謂今生作善惡，來生受禍福，世間凡夫雖不知見，而大力鬼神天仙猶能知見。後報，謂今生作善惡，至第三生，或四五六七生，或十百千萬生，或至無量無邊恒河沙劫，方受禍福。若三四五生及十百千生，天仙或能見之。若至五六七八萬劫，聲聞道眼猶能見之。若至無量無邊恒河沙劫，非如來五眼圓明者不能見也。依餘法門，仗自力斷惑證真，了生脱死，多多皆是但植福慧善根，不得高預聖流。王十朋、蘇東坡、黄庭堅、曾魯公等，皆是前生錚錚出衆之高僧。而此生已不如前生，來生又不知如何結局。思及此，可爲痛哭流涕長太息。若不發憤專修，仗佛慈力，往生浄土一法者，非夫也。印光狂妄無知，辱承厚愛，於六月三十接第四次書，即欲復書，以人事攪擾，兼以夜不能書，故遲至初二日得接第五次書，遂忘其固陋，信筆亂塗。亦知見刺雅目，藉兹畧表愚誠。其當與否，祈垂慧察。（民六　七月初五）

印光目力甚衰。藏經大字，尚不能看。閣下著述，字過小，不敢多看，但只隨便翻閱而已。故隨所見者而標之。總而計之，二十分中，未能看於一分耳。

製序發揮，須求名人。印光活埋海島，兼且無學無德，秃筆土語，何能發揮奥妙。是以不敢承命，祈垂原諒。

如來舌相，義意無盡。以目力不給，且就急者而論之。

復丁福保居士書六

昨接手教，及八朝全詩，感謝不既。竊念印光北鄙庸僧，於佛道法，了無所得。縱有談説，多分狂妄，不見罪責，已屬大幸。何堪過譽如是之甚，感極愧極。光宿多罪咎，生即病目。六月之内，號咷哭泣，除食息外，了無休時。幸承夙善，得睹天日及與佛經，是爲大幸。閣下所註，字跡過小，概不敢看。二十分之一者，此一分中分十，於《雜記》中居其八九，註字只居一二而已。但取便畧看，絶未一張畢業者。然閣下居心如是謙虚，何待盲人一一見示。當必是是非非，自己無不了知耳。

黄居士知過勇改，可謂躬行實踐之士。以儒門之英彦，作佛法之金湯。謹爲法門衆生賀，其法運將通，禦侮有人焉。《進德録》，前書已言，吾無間然，有何錯謬耶？ 八朝全詩，雖不能看，當寶而藏之，一則作爲遺念，一則以備考稽耳。

《摩訶般若》，即指第四時所説《般若經》而言。分而言之，則有八部。而八部實皆六百卷般若之各會也。總而言之，止《大般若經》而已。華嚴海空者，《華嚴》一經，通越衆典，理冠羣經，具無量法門，顯一真法界。猶如大海普納衆流，猶如太空具含萬象，故云海空。又《華嚴》所説，乃即生成佛之法。縱已成佛，不過親證其本具之心性而已，了無一法之可得。故《楞嚴》云：「圓滿菩提，歸無所得。」《心經》云：「以無所得故，菩提薩埵，乃得究竟涅槃。」《金剛經》謂：「滅度一切衆生已，實無衆生得滅度者。」所謂空有不立，一道清浄，故謂之爲海空也。鄙見如是，不知閣下以爲何如。

月之初九日，中華書局寄來《靈學叢誌》三本，係三、四、五期所出，因大概閲之。見其教人改過遷善，詳談生死輪迴，大有利益於不信因果及無三世之邪執人。至於所説佛法，及觀音、文殊、普賢臨壇垂示，皆屬絶不知佛法之靈鬼假託。在四期册中，《文殊佛教二十四乘天》、《普賢佛教二十四乘位次》，皆是胡説巴道。至於《佛頂混元經》，乃剽竊《金剛經》、《心經》之義而僞爲之。其中縱多係真經中語，亦不可流通受持。以邪正夾雜故，如嘉肴置毒不堪充饑故。《無量度生經》，更屬瞎説。竊恐閣下信心真切，亦以《高王經》一例觀之，因而讚揚流通。則其壞亂佛法，疑誤衆生，過非淺淺。既冒爲知己，敢不畧陳芻蕘，以防其善心而招惡果之後患乎。閣下既屬丙號會員，但當令其發揮改過遷善，及孝弟忠信，禮義廉恥，戒殺戒淫，允恭克讓，諸惡莫作，衆善奉行等事。若夫如來無上妙道，豈靈仙乩壇之所能宣揚演説者哉？覺明妙行菩薩，王定九相國，皆因乩而深戒扶乩，當以之爲圭臬。紀文達之論扶乩，甚有道理，以真者少而假者多。達人哲士當敬而遠之。不可專致力於此，而爲諸小鬼小神之所惑也。如《靈學叢誌》第三期雜纂第九篇，盛成述生魂上乩，謂其父一日焚符請仙，乩大動，就盤中作「兩〇一—」，歷二時之久，無他異。其父與在壇諸人，謂爲不肅，觸神怒。相續拜叩，又如是畫，衆皆恐懼。適家人有歸自單家橋者，言橋下一擔糞夫昏臥道中，口中囈語喃喃，狀類急症，宜速救之，遲恐不及矣。其父即焚送符往視之，擔糞夫已蘇。且言曰：「吾夢往一處，香燭輝煌，諸人向吾叩拜。吾無以應，乃就盤中繪吾二桶一扁擔以示之。彼等叩拜尤甚，且敬，吾不得已，只有數數繪吾生活圖耳。」成自謂由是信之之誠，與日俱進。吾謂盛成之信之誠，可謂知進而不知退耳。夫請仙而擔糞者來，畫扁擔糞桶不計其數。使無人來自橋上，將謂此圖有許多玄妙，怕是仙聖所示，執中貫一，執兩端而用其中之奧旨。定不敢臆斷曰，此糞桶也，扁擔也。及經擔糞仙人説破，則一文不值。半日勤懇於擔糞夫，不勝慚惶矣。故須知實有真仙，而僞者又不止擔糞夫一人也。智者可以悟已。光擬於月半後他往，月餘即返。返時或繞道至滬，當趨貴局一晤，以請教益。祈此後概勿發信，免致誤失。（民七　七月十二）

復丁福保居士書七

相別數月，企慕實深。適接來函，併所註二經，如覯法顏，感愧無極。光以業障深重，目等生盲。雖常時懺悔，業仍如故。謹將《普賢行法經》二序，各閱一徧。大心之序，可謂以己立立人之心，行自利利他之事。其決十疑而顯十益，豈徒爲閣下諸經之序，實爲古今弘經者之通序也。不意中州有此偉人。末後品之一字，似不甚妥。彼雖非有意僭竊，但從無此法。有冒經式，宜改作總序。鈍根之跋，意甚推崇，依宗依教，兩皆不合，然亦無大關係，且自隨他去了。閣下序中，初引演宗之言，可謂不刊之論。末引胡氏之説，足見就正之心。後之視今，亦猶今之視昔。能存畏後之心，斷不至違經叛古，貽誚將來也。凡註佛經，當另具隻眼。不可以凡夫境界，測度如來不思議微妙境界。如紀大奎、葉錫鳳等，坐此之故，以弘法而竟成謗法，曷勝惜哉。餘以目力不堪，皆未敢閲。又經中名相大小相同者多。釋大乘經，不得引小乘經中之義爲之詮釋。如六念末後念天，小乘即念欲色等天，大乘則念第一義天，大涅槃天。若大乘經引小乘義釋之，則爲壞亂經宗，不可不慎。只此一義，餘可類推。（民七十月廿六）

光現在打七，祈勿來書。縱有商量，且待明年三月。若於三月前來書，概不奉復。祈慈諒。

念佛一法，當依浄土經論爲準。末世衆生，業重障深，依《觀經》修觀，尚難成就。是以蓮宗諸祖，多皆專主持名。以持名易故，相續即生。至於攝心方法，種種不一。隨其人之根器用之，自得其益。若夫最爲切要之法，總不過大勢至「都攝六根，浄念相繼」八字。大心念佛三昧法門，雖各有見處，不堪普遍教人。以下根不能修，而上根雖能修，固不須用此方法也。至於書額，佛之一字，寫得潦草古怪。足見其人之平日，實未能於佛分上至誠懇切矣。凡此惡套，須力戒之。

劉演宗述《法華》六十五種不思議力，可謂深入《法華》深固幽遠之藏。而一一與淨土對舉而論其勝劣，實爲不達如來權實法門，唯能利於南嶽天台以上之根性，下此皆被彼斷其往生西方之善根矣。此書斷斷不可流通。若流通，雖能令人尊信《法華》，而令彼一切不通權實教理者，從兹藐視淨土而不修也。夫寂光淨土，當處即是。能圓證者，唯佛一人。等覺菩薩，尚是分證，況其他哉。今以登地登住所見所證，爲博地凡夫擔任，其可乎哉。《華嚴》於證齊諸佛之後，尚令往生。今爲具足惑業者，令捨彌陀淨土，而修本師娑婆淨土。其心誠爲宏博，而其害有不能盡言者。夫安養娑婆，原一實報寂光。（實報寂光，原是一土。約所感之報，名爲實報。約所證之理，名爲寂光。寂光無相，實報具足不思議佛刹海微塵數莊嚴妙相，雖具塵刹莊嚴，原是一法不立，雖則一法不立，而復具足莊嚴，如明鏡了無一物，而復胡來胡現，如虚空體非羣相，不妨日照雲屯。）此實報寂光之淨土，唯登圓初住者方能得見。彼西方凡聖同居土，無有衆苦，但受諸樂。此方凡聖同居土，則惑業苦三，如惡叉聚。輪迴六道，了無出期。以此之實報寂光，與彼之凡聖同居對論，其違叛經旨，錯投法藥者，可勝歎哉。何不以此之凡聖同居，與彼之凡聖同居對論，而爲契理契機，三世諸佛皆悉印可之説乎？爲是智識未精，爲欲自辟門徑，以顯當改革時，亦有乘大願輪者，改革如來三根普被，《華嚴》末後歸宗結穴之法門，令其良善也耶？印光無道無德，少參少學，不能爲法門效一言一字之力。然欲一切有情同生西方，不得不衝冒大家，以獻其他山頑石之見耳。倘以法爲重，當即見原。否則縱謂光爲邪見謗法，亦歡喜領受，而無或怨惡也。

光目力衰劣，近又頭火大發，更加衰劣，以事關法道，不得不畧陳愚誠。

復丁福保居士書八

《易》云：「君子居其室，出其言善，則千里之外應之，況其邇者乎？出其言不善，則千里之外違之，況其邇者乎？」演宗居士一片婆心，極力推崇《法華》不思議力。奈未能詳知其所以然，遂援引經文，剖判優劣。不但與三世諸佛究竟普度衆生之法門相反，即本經本跡開顯之義，亦屬背戾。徒費好心，貽誤自他。前已奉復，畧陳其概，謂斷斷不可流通。近三二日有數位在家友人，曾閱此書，不勝痛傷。知印光直心直口，敢於陳諫。於數千里外，各寄書併此册，令印光再賦厲石，陳其利害，令勿流通。保全劉君現生名譽，未來果報。勸善規過，以盡法門友誼。竊念印光人微德薄，言誰見聽，一瀆已甚，何敢再焉。繼思印光宿生不幸，致令今生生即病目，出家三十餘年，雖常勤懺悔，由業障深故，心不入道，目日昏盲，諒屬宿生妄説佛法，瞎人正眼之所感召。興念及此，痛愈煎心。推己及人，勢不能止。欲令劉君及一切人，世世生生得明亮肉眼，世世生生得清淨法眼。深達佛意，徹證自心。普導含識，同登覺岸。永離印光感報之苦，印光亦可藉此稍消宿業。縱謂指斥通人著作，當永墮阿鼻地獄，長劫受苦。但令一切衆生受益，唯我受苦，亦屬莫大幸福，受賜無窮。祈告劉君勿再印刷。先所印者，除售出外，凡所存者，悉付丙丁。且勿謂如此則枉費若干錢財，事難依行。須知世人每以錢財作諸功德，斷不肯以錢財買諸罪咎。又有不作功德，卒遇盜賊水火，亦復虛耗。況此有誤人處，燒之即是功德。若不諒愚誠，依舊流通。深恐彼諸熱心護佛法道者奮袂而起，作論闢駁，出册登報，徧佈神州。則名譽利益，兩皆受損。倘能憫我愚誠，隨即取消。則人必謂劉君到底見地高明，故能從諫如流，唯理是尚。雖一時之失檢，實非故意妄爲。人非聖賢，孰能無過。過而能改，善莫大焉。從兹名譽日高，德望日著，將來必能居高位以治國家，弘法化以利羣萌。立功立德立言，自覺覺他覺滿。耀祖光宗，榮先裕後。俾億萬斯年永仰芳猷，則何幸如之。否則初步一蹶，便難振興。事過而悔，則無及矣。非若印光混飯海島，以寄殘生。食息之外，百無一能。唯其無能，故亦無求。縱令推之九天之上，不能令其少增。揉之九地之下，不能令其少損。何也？以無能無求，故無地受增受損。縱欲增損，只成徒勞耳。唯其如此，故敢直心直口，爲法門摯友告也。其見聽與否，任彼自裁。但盡我忠告之心而已矣。（民六　十一月初一日）

復丁福保居士書九

光宿業甚深，有目如盲。每事懺除，業仍如故。諒必多生以來，曾以己見妄説佛法，喪人法眼，誤人正智之所致也。以故此生不敢以人情好惡而立言爲論。寧令人見憎見罵，斷不敢探其所好而譽之，以自陷陷人也。從去夏至今，與閣下書將及萬言。其愚誠固悃，閣下當已徹見肺腑矣。茲於本月廿四日恭接所惠《佛學指南》一册，隨即翻閱大概，見其上編所引，諸名公所記之因果事蹟言論，洵足以振聾發聵，啓迪世人。縱有不大恰當處，但大體有益，小疵何傷？倘有能逐條評議，則其利更溥矣。當令《時事新報》逐一登報，以新世人耳目，以暢閣下宏願。下編大體固好，然仁山《十宗説》，端甫《大藏大畧》，已於《佛學叢報》載過。《三國佛教畧史》，原本亦甚粗畧，今復更。餘皆類是，登不登皆可。其中不無小疵，但以不關緊要，兼以目色不給，以故不標。閣下所著諸品，唯此爲益最溥。以中下根人，必由因果報應而入，方有實益。否則只作口頭活計，不知主敬慎獨，以期親證實到。彼世之狂慧者，皆由最初未服此因果報應之藥。而以佛祖直指人心，當體即是之言，反認做肆意任業，了無忌憚，惡不須斷，善不須修之據。以凡情而測聖智，即醍醐而成砒霜，可不哀哉。此書一出，當必有戰兢惕厲，葸葸不安之懷。從茲務得實益，務遠實禍。自一人以及多人，自一生以及多生。蒙法利而沐佛恩，出苦海而登覺岸者，相繼無盡也。謹以此爲閣下賀。及觀末後書目，猶列劉仁航《法華經力》之册。去冬閣下以虛心請正，已經呈其不可流通。後因友人遠致其書，令光直陳法諫。又復切陳其非，並其流通則必致招人駁闢。縱演宗執固不從，何閣下復代爲流通也耶？印光與演宗素無一言一面之交，前兩次書，多分爲仁航計，少分爲閣下計。今則專爲閣下計矣。閣下深通佛法，豈不知自作教他，見聞隨喜，同受善惡業果之報乎？仁航則是自作，閣下代爲流通，則具足自作教他，見聞隨喜。況光兩次致書陳其利害，閣下仍爲流通乎？在閣下意謂第二次書，乃光之託詞，實無人致書令諫。豈知光於此事頗費周折乎？以彼必欲逐條著駁，廣爲印送，以期衆所共知，不受其害。光謂文人習氣，每有心尚未了，即欲發揮之弊。吾當勸其焚毁，永不流通即已。何須多煩口吻，多費錢財爲哉？因將第一次書，及第二次書，一併寄去，且令勿以光書示人。彼回光書，謂光欲無形取消，彼此各得其益。讀之令人淚落。不意今年閣下尚爲署名流通，則閣下之回印光書，乃其止小兒啼之作畧，非中心悦服之言論也。印光之愛閣下，甚於閣下之愛印光，故復呱呱而啼。閣下若肯見憫，無論仁航謂己所著何高何深，汝欲流通，汝自流通，即以威福相迫，我亦不肯代汝流通，即不啼矣。否則印光只自怨其宿生口業甚深，故致言無人信。十法界隨人自造，與我何干？雖其心實未慰悦，而啼亦不復起矣。何也？以於人無益，而於己有損，曷若已之？豈效杜鵑之空啼無用乎哉？閣下發弘誓願，欲普利一切衆生，而於害衆生慧命之書極力流通。爲是法眼未能徹見其弊耶？爲是人情阿其所好耶？光不得而知之矣。若繼此而復流通者，光則不敢向閣下開口矣。

去歲八月，張雲雷先生來書，光回書中畧言：「世道人心，日趨日下，君主事報館，宜於戒殺放生等言論，及因果報應等事蹟，日載一二條，俾閲者睹茲殷鑒，戒慎存懷，漸摩漸染，日趨於聖賢之域，而不自覺。」彼回書謂當另闢一欄，專載佛門言論。光已起七，故不陳其所以。彼與葉伯臯、應季中等數十人，議訂章程，逐日登載。推葉伯臯主閲。閲過，方可登報。至臘月有以徵文啓見示者，方知其辦法。繼則周孟由屢次來書，令光作論，光初辭之甚力。繼則不得已而應之，將素所録蕪稿若干篇寄去。聞正月間所登，皆光蕪稿。亦有非光所寄，乃光寄彼人之書，彼自寄於報館者。光於乞食之餘，留得些子殘羹餿飯。彼諸名人取之，以供衆人耳目，不禁慚愧殺人。然亦無可如何，只好隨他去了。書此以博一笑。（民七　正月廿五）

復丁福保居士書十

久未函候，不勝渴想。開春以來，諒必起居納福，諸緣如意，賀賀。光之蕪鈔，已經出版。於去冬即通知雲雷，令商務印書館出書時，包十二包，共六十部，通信閣下著人去取。餘六十五部，通歸於光。以五十元，彼以七折與光算，則請百二十五部書耳。但彼膽小，恐書售不出，則折本，只印二千部，及書出而請者甚多。凡光所請者，悉勒不發。雲雷屢催仍不發。想彼留之作門市實價售，待再印出方發耳。想閣下之六十部，恐亦未發。適接手書，不勝感愧。及《學佛捷徑》，將光之蕪語，參於諸大祖師諸大居士之中，更爲慚赧無地。光乃無知無識之人，其於佛學了無所得。雖於淨土一法，頗深嚮往。然業深慧淺，何能發揮？縱有一二看佛敬僧者，有所詢問，亦只是以己所恃以活命之殘羹餿飯，以攢草聚葉之法，塞其責斥，何堪與諸大祖師大居士並列乎哉？《竭誠方獲實益論》，本欲廣搜敬褻罪福證案，以爲現今人一大法戒。但以目力不給，故止録一二則而已。《安士全書》，於世諦中含有佛法。故仁山先生亦收入《大藏輯要》之中。閣下編入大詞典内，則有大利益。雲南去歲曾重刻，約於年底告成，尚未寄來。光蕪鈔亦編入之，雖文字鄙拙，然亦爲初機可作拙導。《慧命經》，乃外道專以佛法證煉丹法，反多方譭謗佛法。以閣下之高明，兼以極力宏揚，何爲將此一書列於佛典？不但有誤閲者，且於閣下研究佛學名譽，大有關係。明眼人觀之，必謂閣下邪正不分，尚從事乎煉丹？且止説煉丹，尚無大害。此書全引佛經祖語，而作煉丹之證，挽正作邪，令人莫辨。其有不能合者，則改其字句。如《法華》「唯有一乘法，餘二則非真」，彼以慧命雙修，且畫其圖於腎藏，書其二邊，一屬慧，一屬命，謂慧命雙修，方可成道。引《法華》此文爲證，而改「餘」字作「除」字，謂除慧命雙修，則非真矣。凡佛經所説禪教律淨密，及六度萬行等，無不破斥。此種書，皆一班下劣無知輩，私自刊行，私相授受，正人君子見之，則焚燬之不暇。不意閣下列入詞典，其害有不勝言者。祈將現印之書，或用墨塗，或用刀剜，必期於不誤閲者，亦所以保全自己見地。下次再版，當於版上削之。則一鍋美羹，不被一鼠糞污穢矣。此書光初出家時曾看過，至北京亦聞有此輩人。南來雖未見，而杭州經坊現有流通。此種流通佛經人，即佛所謂可憐憫者。而有勢力人不去禁制，則具信心而入邪法者，因兹到處皆是也。辱在知心，故直詞無隱。祈垂原諒。（民七　元月廿五）

玉峯法師行持雖好，見理多偏。其所著述，依之而修，亦可往生。但其偏執之語，未免有大妨礙。即如《念佛四大要訣》，其意亦非不善。而措詞立論，直與從上古德相反。不除妄想，不求一心，全體背謬。經教人一心，彼教人不求。夫不除妄想，能一心乎？取法乎上，僅得其中。豈可因不得而不取法乎？若以不得而令人不取法，是令人取法乎下矣。大勢至云：「都攝六根，淨念相繼。」彼極力教人散心念，不讚揚攝心念。念佛雖一切無礙，然欲親證三昧，能靜固好。不能靜，亦無妨即動而靜。彼直以靜爲邪，謂大違執持名號憶佛念佛之旨，其過何可勝言。且念佛一法，圓該一代一切法門。而靜之一字，尚隔其外。豈可謂爲净宗真善知識？祈二次再版，删去此《四大要訣》。庶初機不至受病，而通人無由見誚也。弘法利生，大非易事。稍有偏執，其弊叢生，不可不慎。

復丁福保居士書十一

前所惠《佛學指南》，甚有益於學佛者，及不信因果不信佛法者。其中所引名人之言，亦有不甚如法者。以目力不給，故不標出。繼思閣下以此爲入佛法海之指南針，其針稍有彎曲，未免致失去向。故今以曾見者標示之。（光目力不給，未能徧閱，此乃標其所見者耳。）若未見著者，亦可引類而知。或畧改其文，或評論於後，俾見聞者無或疑誤，方可以暢閣下宏法度生之心矣。

上編十七紙後幅第六行，「今徒曰某月某日觀音齋期」等一段，乃不知佛曲垂方便，令其由暫而常，由減而斷之所以。宜於其下，詳論佛制齋期吃素，原爲永斷殺業，與食肉之方便法耳。觀紀公所記諸篇，知其信因果而不知佛法。佛法之難聞若是。其有聞者，蓋宿生之栽培，殆非淺鮮也。（若不加評，當於第五行「信夫」止，下皆删去。）

又三十紙八行，「公一生不肯入廟，神佛見之，往往起立」。以袁子才之博達，而以神渾稱神佛，則其不知佛法，亦可知矣。（十一行云）他如如來、仙子、關公、蔣侯，皆未之見也。

夫蔣侯尚未見，則其起立者，乃城隍土地五道等神耳。而渾云神佛，不亦誤人太甚乎？（第十三行）惟是神是佛正直聰明，（八行）應云：「神見往往起立。」（十三行）應云：「惟神正直聰明。」則不至無知無識者，謂佛敬胡公也。

上編三十三紙末行至三十四紙六行，當删去。此段係道家修煉法，不是佛法。參於《指南》，恐疑誤人。佛法毫善弗遺，唯不許學此。要緊之至。

下編第一章係卅五紙第七行，當云：「夫人詣毗嵐園，見一大樹，名曰無憂。」如是，則文清惺矣。第一章係卅五紙十三行至後幅第四行，此係宿怨索命，現此異相。以文獻公尤君玉之明達，不識其所以，而以菩薩示現擬之。初則命名佛奴，繼則焚化建塔，了不知宿世怨家，索彼義子夫婦之命。佛法之難知，邪正之難明也，如此。

又卅五紙後幅十四行，「鬼方」，即西域也。《易》云「高宗伐鬼方，三年弗克」可證。商曰鬼方，周曰玁狁，漢曰匈奴。

下編第卅八紙後幅第八行，「入三摩地」下，當云：「由我供養觀音如來，令我身成三十二應，隨機説法。令諸衆生，於我身心，獲十四種無畏功德，及四不思議無作妙力。」如此，方不背經義，而語意亦暢。若只云「我供養觀音，令十方衆生觀其音聲」，則有頭無尾，語意不圓。下行，「謹案菩薩與佛，品位本通」，當云：「佛屬果位，菩薩屬因位。」縱過去已成佛道，而復現作菩薩，亦不得與佛渾稱。菩薩垂形六道，無身不現。何得以所現者，擬其品位乎？閣下特未深思所引經文之義，致有此失。（我爲菩薩時，乃指其往昔未成佛前而言也。）

七十九紙後幅六行,「剖蚌得羅漢,得觀音」,從第八行「是蚌中見佛菩薩像,記載常有之」下删去。又「古有破豬頭於大牙中,得肉身佛。殺羊煮蹄肉不熟,破之得銅佛像者。殺牛割取其腎,破之得肉佛像者。獲大蚌,剖不開,意欲放而自開,内乃一尊珠佛」者,此皆佛菩薩以大慈悲現異類身,卒顯其本,令諸衆生戒殺護生,了知一切衆生,由迷背本性故,墮落惡道。其本源心性,與佛了無有異。我若不早覺悟,將來亦復墮於此諸類中。敢不自憫憫他,自傷傷他,大聲疾呼,同令速登覺岸乎? 至於普陀蚌殼有佛,乃奸人僞造,店中長年出賣,已數十年矣。乃剖其殼作兩半,安銅佛像於内,而復合之。有云係取活蚌,剖殼安之,仍養於水中,待長渾全,則取而賣之。其死活造法,究不清楚。僞爲乃的確之極。噫,奸人求利之心,亦可謂委曲周到之極矣。而一張人皮,往往由兹賣卻。可不哀哉。(普陀之蚌殼,一段删去者,去僞存真也。不删則人必競買,或致因僞而疑真矣,不可不慎。)

八十三紙十行,按《大悲咒》,出於密部《大悲陀羅尼經》。觀世音菩薩説此咒已,地摇六震,天雨四華。諸佛歡喜,衆會獲益。大梵天王請問此咒相貌,菩薩言大慈悲心是,至第十句無上菩提心是。宜如此書,文雖畧而來歷清楚。梁公不標示來歷,遂致十句皆成破句。

八十三紙後幅第四行,二十餘則,第七行,以護法之金剛,釋般若之金剛。至云「黨同伐異」,不顧理之是非,亦何不知經義如此其極也? 翁覃溪書寫多年,作如是説。梁恭辰侍父親見,作如是記。可見覃溪及梁氏父子,皆信佛而不知佛法之人也。總由宿世善根不真,故今生於如來大法畢生受持,而終爲門外漢耳。當云:「先生嘗言《金剛經》義理深奥,三世諸佛，從此經出。若能志誠書寫讀誦，則無福不臻，無禍不滅。故經云：『是經義不可思議，果報亦不可思議。』」

八十三紙後幅第十一行，九十以後至「佛不答我也」，應删去。以袁子才之博達，上編《胡寶瑔傳》，則以神渾稱神佛，謂見胡公起立。中又云他如如來、仙子、關公、蔣侯，皆未之見。末又云：「惟是神是佛，正直聰明，故知其爲貴人正人而敬之。」才子則才子也，其於紀事作文，何糊塗一至於此？此章則謂楊氏拜佛，佛像起立答拜。此乃宿惡業力，怨家債主，幻現此境。企其生大歡喜，謂爲得道，則便著魔發狂，破壞前功，以報其怨。幸其功德力深，未受其損，卒得正念往生。子才與彼祖母等，認爲實然，可不哀哉。佛爲三界大師，等覺菩薩禮拜，亦不阻止，况答楊氏乎？正眼未開，不識魔境。子才尚如是，况其他哉？（民七　正月廿八）

復丁福保居士書十二

適接惠書，不勝愧怍。光任意狂言，何堪奉爲圭臬？但一念愚誠，深爲閣下憫納耳。《佛學指南》，光但累閱其上編及下編之餘論，餘皆未能徧閱。隨便見其不次第者，累標一二。近來目力更加衰劣，全書徧閱，似覺吃力，實難奉命。（作序一事，光學業膚淺，筆墨疏淡，數十年來，一切知交，皆未開此一端。祈原諒。）時事報館，亦令備將上編及下編餘論，逐一登報。下編正文，但言有已登於《佛學叢報》者。有《三國佛教畧史》中累録者，似不必登。

（光又爲雲雷言：「丁君所著《少年進德録》，少年之模範，大有益於世道人心，宜於佛學欄外備登之，以爲挽回世道人心之助。」）《大藏大畧》，何以知其爲端甫手筆？《佛學叢報》出此文時，端甫親任編輯，且已應頻伽華園之聘大半年矣。端甫學識高明，筆墨超妙，近時緇素，罕有其匹。摘録成言，以輔教理，縱不標名，亦非掠美。若冒以己名，堪作是説。未標己名，何須過謙。因果報應，乃儒佛二教入道之前導，亦儒佛二教證道之綱宗。世人但以淺近視之，致令芸芸庶類，不出斷常二見。不是追蹤闡提，便是説食數寶。劉君之書，早已送去，功德無量。此書之害，有不堪詳言者。雖讚《法華》，不得讚之之道。其悖叛《法華》，已屬可焚。況破三世諸佛，究竟三根普被，直使各各現生了脱之浄土法門乎哉？友人之痛心疾首，含淚告光。光故有二次再陳利害之書。如不信者，倘來普陀，當以原書及回光之書取而閲之，自知光非妄語。光無學無德，迫不得已，但效集字掃葉之跡以應之。唯企塞責了事，何堪過譽，不任慚惶。居士爲現今第一極力宏揚佛法之人。化他須以自行，固宜常齋。即其妻子朋友，亦宜令其長齋。縱入道未深，不能全斷。當令由漸而斷，此爲要義。世人不知物類皆由業力所致，謂天生此種，原爲養人。若知一切衆生，皆是過去父母未來諸佛之一番深理，當有食之不能下嚥者。居士固宜以身率物，當即永斷肉食。即肉邊菜，亦不須效往昔大士之跡。以宏法之人，須識時機，今之時非古之時。如滴水成冰之日，斷不可以夏間之服食示人，以致誤人性命耳。貧民教育社之舉行，具見婆心真切。惜光一貧如洗，不能隨喜，歉甚悵甚。《佛學小辭典》，雖未見其書，觀其序，知其便於稽考，大益同倫。但有光紙落墨，藥水輕者，只可經十餘年，能經二十餘年者甚少。藥水重者，數年即落，光曾試之屢矣。光昔上《佛學叢報》書，特爲此事，隨便兼呈九條。前年爲周孟由，寄著法雨幼僧抄録。彼懶於寫字，故前之書信，及後之三條，悉畧之耳。亦將此意陳於端甫。時事報中登出，當知鄙懷。彼唯利是圖之商人，固不堪與言此意矣。閣下唯欲宏法利生，須以久久不落，方有實益而獲溥利。若落則徒費資財，致失實益。敢請閣下大發慈悲，一切有益世道人心之書，皆勿用此紙。唯一閱即作廢紙者，用之無傷。光無力作功德，擬以此言當做施經書於天下後世之信心佛子。或亦可以仗此消業累而獲往生耳。

時事報館，亦開標示瑕疵一紙，與閣下書同，無須抄寄。

《教育芻議》，文理俱佳。但末後一段，似有致人輕蔑三教之弊。夫教會中人，孰能所作所爲超乎三教之上？孰能於三教外自立一教，以爲敵抗？縱其熱心至極，亦只遵三教聖人之意，而極力奉行而已。縱令外洋各教及回教之不信三教者，豈其教果出於三教之外，不被三教如天如地之道理所覆載乎？不過聖人隨方設教之跡，稍有不同耳。以愚見觀之，似宜云：吾國聖教，大宗有三，曰儒，曰佛，曰道。儒以己立立人爲懷，佛以自覺覺他爲事；道雖恬退，大體同儒。而修煉家，尤以積德累功濟世救民爲要務。今教會中人，仰體三教一視同仁，天下爲公之心。發而爲老安少懷，不獨各親其親，各子其子之事。其赤誠熱心，直可以塞天地而貫日月。倘舉國之人同發此心，同行此事，則無一人不得其所。俾大同之世，復見今日，其利溥哉。吾願各省。（下如文）

近人著述，每有揚攄過當。其意實欲人諦信其法。其蔑古破法之弊，亦基乎此。孔子所謂「一言而興邦，一言而喪邦」者，一則伏其後益，一則伏其後患之所致也。筆之於泛常不關緊要之書尚不可，況筆之於宏法利生之書乎？古德謂：「此事如金錍刮翳，稍不如法，則其目立壞矣。」可不慎哉。紀文達謂：「徧觀秘書，知後人之著述，遠不及前人。縱有似乎精微者，乃依前人藍本而脫出耳。」敢自詡爲千古第一無侶，及謂前人皆悉紕謬乎哉？閣下虛心爲法，故敢獻此讜論。

印光於教育學校一事，實屬外行。但感公直欲備取天下之善法以立法，因以愚見上呈清覽。貧兒教育，似宜提一班天姿高者，異日必能爲官爲紳，輔國善民，專以平常學校之法教之。其止能爲工爲商自食其力者，似宜教藝兩兼。如近來孤兒院之章程，似乎校會省費，而貧兒獲益實深也。光見寧波佛教會孤兒院之法則，凡孤兒能自穿衣吃飯，不需人照應者，方許入院。其教之之法，則讀書、寫字、學算、學畫、打草鞋、編涼席、涼枕、涼帽、石印、訂書、裁縫等，一體兼學。待其十五六出院時，即能自食其力。即去學工學商，亦自易易。平常學校，七日一假，及節假年假暑假。一年之內，除假期外，只剩六個多月。況一日之中，八句鐘上校，四句鐘出校，此中止七句鐘，又有空時。若非十分天姿，學得成個甚麼？只是虛度光陰，枉費辦理諸人一番苦心。而天下學校，悉以爲例。止利其教員，而不利於校中學生，良可慨歎。孤兒院中，不立假期。其日中所學時刻，當亦加長。以兼作工藝，短則一項不能了辦耳。其所製造種種物件，自用之外，悉以出賣。此種出息，亦可少助校費。貧兒孤兒，相去幾何，真欲令其上中下根，悉能自立。似此一法，最爲得宜。但須經理之人真實辦理。否則只有虛名，一事無成。此吾國向來辦公事者之通弊也。倘以佛菩薩度人，聖賢經濟之心，全副用之於此，則吾國之興，可立待矣，况貧民得益乎？

復丁福保居士書十三

適接來書，謙譽過甚，令光慚愧無地。光所閲者，只上編及下編餘論，餘皆未閲。其所標者，乃閲過者。語不成文，何堪刻於卷端？倘不見棄，待光徐徐將下編詳閲一徧。其當更改者，另逐一標出，大家商量。如肯見聽，光當於後累贅幾句，以作鉅燭之跋。至於光標示更改之語，斷斷不須提起。然光目實不堪受用，當須數十日方可回復。（民七　二月初七）

若通册更訂過，當令報館通册齊登。前以内中多有不甚合宜者，恐貽誤人，以故令其止登上編及下編餘論而已。今承幾次雅意，諒能依光愚見，當先書其大意，不妨大家裁度。然光以衰頹心目，近又諸事叢集。所刻千餘紙，業已刻出一半，皆未校。又以來往人情信劄，不能專以此一件爲事，故須遲遲耳。揚州之行，當在五六月間。至彼即修改刷印送施。又有續刻者，以待來年，再去料理。（又白）

復丁福保居士書十四

昨接手書，並大著句解序，不勝感激。《法華》妙典，得一善本，排印流通，實爲大幸。然依閣下所標，亦有剜肉作瘡處，光固不得不爲一一詳陳也。《方便品》，「若草木及華」，「華」字有作「筆」者。《雲棲正訛集》，謂「華字音緯，草木花始生也」。若詳其意，未必是「筆」。以童子戲頑，隨所得之草木，及草木之花葩，並以指爪之甲而畫。故此畫並非畫於紙素，乃隨地下壁上物上而畫之也。《字彙》、《字典》，皆引爲證據，似不必屈雲棲而申聞達也。

「荼」字，日本經中通作「茶」，不止鳩槃茶一事。考字典，「荼」亦有「茶」音，兼亦同「茶」。是故不得依日本而斥中國經書皆訛也。若以「荼」爲定論，則「荼」之音固多多也。將讀荼音，爲讀塗音，爲讀餘下諸音也。「形體姝好」，「端正姝妙」，作「殊」也可，作「姝」也可。不必歷引諸書作證，但於本文決斷可也。豈一切書中，於此一字，皆無異致乎？《楞嚴》於三昧一法，尚有三種用法，不能劃一，況其餘字眼之可通者乎？三種者，三昧，三摩提，三摩地。一經之中，紛紛不一，況羣書乎？「末」之爲「抹」，皆可不必過執。若謂古爲是，則今之五經四書，其字皆須改除大半，方可畧順近意。若更求當日原文，則恐一字不能用矣。「及」之爲「乃」，實屬確訛。但光尚未見過此之訛本，固非盡今本皆如是也。「名」之爲「明」，亦可不究。句解謂「名」字通貫下文，此列衆何無一條又用「名」字？若此條獨用「名」字，便成譯法混亂矣。月天子，明月天子，固非一非二也。如有人稱閣下爲居士，又有稱爲大居士，豈以一大字而爲礙乎哉？「冥」固是「瞑」，「盲冥」固是「盲瞑」。字有古今，義無增減，何必斤斤然苦校長短哉？貞，樹身也。實，樹果也。句解尚欠分疏，諸本多訛作「真」，實可痛傷。集者積集，習者修習。字雖不同，義皆可通。此字不但《法華》有相混者，《華嚴》亦有之。固無害義處，亦各隨其本而各存之可也。　受是得義，授是與義。不知以義定名，何貴乎弘經也？固不待有所證而知其訛也。　論議之「議」，作「義」亦無傷。以「論」字中具有「議」字之義。而所論議者，乃其義也。　「伐」之爲「罰」，訛之實甚。居士執古過甚，故以爲是。不知小過則罰，若小王叛逆，輪王征討，亦作罰。則禮樂征伐，武王伐紂，皆須改作「罰」矣。　怨賊既是各執刀加害，則「繞」字義長，「擾」字義詘矣。　「怨」之爲「冤」，經書混用。怨，怨恨也，怨讎也。冤，冤屈也，冤枉也。《華嚴》中有近百，而二字各居其半，是宜改正。即《法華》亦是二字通用也。　「哆」之爲「多」，亦屬一本。光見者固是「哆」字。　貪著，貪樂，義皆可通。不必徧引羣經，以證其訛。　「處」即是「受」，「受」即是「處」，擬作一律，似乎過執。孟子：「吾惛不能進於是矣，願夫子輔吾志明以教我，我雖不敏，請嘗試之。」此四句話，出於一時一口，尚不能劃一忽吾忽我。何况各方梵天所説之頌，必欲改而劃一乎？　「道」之作「慧」，雖似不恰。然細研速成就佛身之下句，則「慧」字固無大謬也。各存其各本，可也。　「數」之爲「諸」，光絶未見如此之訛本也。　聞則聞香，乃一十之與二五也。抑此揚彼，抑彼揚此，皆過也。各守其本可也。　燒，焚，亦然。　「得」之爲「當」，光亦未見此本，不得謂今本皆然也。　武帝太康，惠帝永康，諸家皆未查《三藏記集》、《大唐内典録》，固無從正其訛。以《高僧傳》，未標譯《法華》之年月故也。　其脱落之字，查近流通本皆然。然不脱義亦不增，脱之義亦無減。宜各守一本可也。若必欲考彼本而正此本，則成捨本逐末，徒費精神。於經於人，究有何益？弘經之人，當依四依。四依者，依法不依人，依義不依語，依智不依識；依了義經，不依不了義經也。經傳數千年，徧天下，欲字句一無參差得乎？但取義意通暢而已。固不宜過爲執泥也。（民七　二月廿八）

復丁福保居士書十五

前十八日接所寄書，隨即奉復，至廿日閣下手書方來。郵局函物各包，每有先後到者。閣下所説《海南一勺》，此書於人，損益各具。光初執理甚嚴，恐人受病，絶不一啓齒令人閲之。嗣後念世間善書，絶少盡美盡善。但能得益，不妨令看。即其有受損處，亦只可隨彼人之知見而分其利害。若有不恰當者，一概拒之，未免失於引人入勝之方。故近來亦頗令人請而閲之。著此書者，其人係江西籍，姓徐名謙，字白航。三十外即入翰院。以賦性真樸，不欲爲官，亦曾作過一兩任山長。繼則家居，專以勸人爲善爲事。兼以扶乩，其士庶拜門者甚多。後以江西省城一舉人，教門徒扶乩看病頗靈驗。撫台之母有病，醫藥不效，因請伊徒扶乩開方。藥甫入口，氣即斷絶。細察藥方，内有反藥，因執其人理問。彼以其師對，遂以其師抵償。徐謙聞之，遂不教人扶乩。唯以改過遷善，積功累德爲事。其子孫皆令各專一業，不令置足仕路。壽至九十有六。臨終時，有摯友於路聞天樂聲。歸即詢問，即於此時，衆聞天樂而逝。其門弟子甚多，法雨前住持了一者，在家時爲伊之最後門生，今年已七十九矣，曾爲光言之。所可惜者，徒有好善好佛之心，絶未入具眼知識之爐韛煅煉。致成邪正不分，是非混濫之糊塗知見。其所著書，以佛經乩語併録，以真經僞經同視。彼每有議論評判，其文理亦多膾炙人口。而《心經》之僞造者，其文理鄙劣，不堪寓目，彼與《心經》同視。真是魚目與真珠，作全同無異之物矣。然所録郭蘭石所書之《心經》，實爲同本異譯，非僞造者，又不可不知。其所謂觀音懺法，乃無知俗僧，剽竊《梁皇》及《水懺》中成文而爲之。以文理不清，欲爲更端，遂致有事理與教相違處。其内函四本，多半皆屬乩語，不堪流通。彼自以爲至精至當。其外函六本，多屬菩薩感應事蹟。雖不無濫收之弊，然於世道人心實有大益。甚矣，宿世種善根時，斷不可混濫。混則今生邪正不分。徐謙以宿世之混濫善根，今生雖有數十年之精修，只成得一個流俗善士。其没也，雖有天樂之異，乃生天也，非生西方也。以彼於佛法，絶未知的實至義。况净土法門乎？古人謂共君一夜話，勝讀十年書。若博聞之士，不與通方作家討論數番，則食古不化，反成大病。打頭不遇作家，到老終成骨董。不但徐謙爲然，世之同徐謙者，實繁有徒矣。（民七　五月廿一）

復丁福保居士書十六

昨接手書，知閣下欲流通《成道記註》，不勝欣忭。此書三十年前，於紅螺曾得一見，法雨向無。隨即向前山問一友人，言有一本，被本庵當家持去二三年，而其人又不在家。因令於庫房經廚中搜之，未能得見，其師許以寫信問伊。然一薄本書，若不珍惜，或致遺失。因又致書觀宗根祺書記師，令於觀宗偏問大衆，有則即將原書掛號寄來。待其排好，仍復奉還。此之兩處，或有一得。若在山抄寫，頗難得人。佛祖機緣，隱顯有時。神物冥佑，當能

如願。（民八　三月廿五）

復丁福保居士書十七

閣下所著《六道輪迴》等册，實能令狃於見聞不知大道者，頓開眼界。回心轉念，知自己一向以坐井之見，妄測蒼天。而先賢所記，蓋以宿根深厚。承佛遺囑，故能不昧己靈。以世諦語言事蹟，轉如來隨機度生法輪。從兹生正信心，發菩提心，畏輪迴之劇苦，慕安養之極樂。當必一唱百和，相率而出此娑婆，生彼極樂者，非算數譬喻之所能知也。光閲之慶倖不已，擬欲作序讚揚，但以目力不給，兼以俗冗無暇，因遲至今。雖則集字千餘，以學問淺陋，見地庸劣。於即心自性，及隨機利生之道，如盲人於濃雲厚霧中，仰視日光，徒增憒憒。故於佛祖道妙，並閣下心事，未能發揮顯露。心知此序斷不可用。然欲表其愚誠，特寄呈座右，祈垂斧政。（民八　五月十五）

三册中有請教處，另紙書之。

又烏煙之害，不能盡言。去歲與陳錫周談及，彼遂言伊昔曾吃煙，其癮甚大。後得一方，隨即斷根，因不勝欽佩。今年又來山，因令將其方抄出，以餉同人。然光僻居海島，不與人交。雖有其方，亦難利人。前者有友人由哈爾濱來，言彼處大開煙禁，了無畏忌。然亦有欲戒無由者，每發憂思，因將此方寄去，祈彼展轉傳播，俾有志戒煙者，同得利益。今思閣下有心世道，兼以行醫，其交遊甚廣，信向甚多。倘有此病，欲永斷根本而不得其方者，或可以

此見贈也。故附寄之。(又及)

仙傳戒煙絶妙神方(即素稱國手之名醫,亦不可妄加一味藥,倘加一味藥,便不靈驗矣,至禱至禱。)

好甘草(半斤)　川貝母(四兩)　杜仲(四兩)

用六斤水,將三味藥共煮。及至水熬去一半,去渣。用上好紅糖一斤,放藥水内再熬。少時收膏。

初三日,每一兩膏,放煙一錢。二三日,一兩膏,放煙八分。三三日六分,四三日四分,五三日二分。以後一兩膏,放煙一分,再吃十日八日。吃到一月後,無用加煙,永斷根本矣。

若服膏期内,有别外毛病發作,可將煙多加一分。服一二日即止,仍照原方服膏,再勿多加。此方止病,比吃煙更勝一籌。縱日吃幾兩煙之大癮,依此方戒,無不斷根,且無别病。屢試屢驗,真神方也。

陳錫周先生日吃三四兩煙。後得此方,即熬一料服之,藥盡癮斷。不但無别毛病,而且身體强健,精神充足。從兹徧告相識,無不藥盡癮斷。因與談及煙之禍害,彼遂説自己戒煙來由,隨祈抄出,以醫同受此病者。又戒煙之人,須具百折不回死不改變之心,方能得其藥之實效。若心中了無定戒之念,勿道世間藥味,不能得益,即神仙親與仙丹,亦不得益矣。戒煙之士,祈各勵志服之,則幸甚。

立言之道,千難萬難。縱學問淵博,欲有著作,或節録成言。必須詳審斟酌,察其文勢,按其語脈，方可不致因詞害意，及以訛傳訛之弊。前見《佛學指南》，引《指月録》，有畧之文意不貫者，及老病死僧，作生老病死。意謂閣下未及詳察，偶爾筆誤耳。今試檢本録，亦作此説，不禁歎息。大凡後世聰明人之著作，多有不審諦處。以才力有餘，遂不肯再三斟酌，率爾命筆。雖能利人，人以己爲通人，隨之以訛傳訛，則其過亦非淺鮮。光無道無德，少參少學。叨蒙以法門知己過許，常欲竭其尋行數墨之力，以答知己。然目日見衰，實難遂願。今將曾見者畧標之，俾事堪塞責，言不空發而已。

《指南》第四十紙一行，「波羅門」，「波」應作「婆」。「先阿彌陀佛而入滅」，當作「先釋迦牟尼佛入滅」。

四十紙後幅十三行，《神僧傳》下敘事及年月，錯雜不倫，實不依《神僧傳》及《宋高僧傳》，當依此二傳改正。

七十五紙後幅四行，而釋者尤多紕繆(句)，《心經》註解甚多，今所流通者，有五家作一本者。其他散見於各方或各書中。然經義無盡，隨人所見而爲註釋。閣下以尤多紕繆判之，不禁令人心驚膽戰。若謂箋註易於領會，頗利初機則可。若謂古註紕繆，而加以尤多則不可。若果紕繆，祈將五家註中錯謬之處，一一指之，以釋光疑。否則祈將此句改之，庶不致令無知無識者藐視古德，起謗法謗僧之咎也。

閣下利人之心甚切。以急於成書，故立言多有不審。如諦師《序註》之駁清涼，《彌陀經註》之論六方，雖屬他人言句，何得以訛傳訛？春間見此書頗合時機，企欲目力倘好，當竭盡愚誠，細閲一番，用效微力。今目既日加衰昏，故止標示大概而已。光素不與士大夫結交，故於敍談不諳法式。或有衝犯，千祈勿怪。

《佛學起信編》一百七紙後幅表内浄土宗。

梁任公久在日本，其所敍佛法，大畧皆依日本人之成書而論。日本浄土宗，以善導爲初祖，此語頗不恰當。夫浄土一法，自遠公以後，極力宏闡者，代不乏人。即吾國以善導爲二祖，亦屬偶爾。非謂遠公以後，無人宏揚此宗也。如此節目，似宜依古，依吾國向例。何可以訛傳訛，致啓後人疑議乎哉？

又禪宗西天二十七祖内，無有世親。然世親乃法身大士，當亦徹證禪宗。但此係表示遠祖，斷不宜濫列其間。

一百十四紙二行表　禪宗下，言「印度無」。下又云，「中國特創」。此七字亦不恰當。西天固有二十八祖，何得言無？（又前一百十三紙後幅第一行）論禪宗一段，似只執定二十八祖傳而爲定論。須知此傳，不過敍明前祖次祖授受之事而已。非二十七祖一生，只有此一段事蹟。又其真僞固不易辨。即云真矣，上句誤人實甚。既去上句，下句亦無著落。宜去此三行半文。足見梁任公心粗膽大。若以詞害意，唐堯在位數十年，其發號施令，不過三幾件政事而已。以古人質樸，加以年遠，故所傳無幾，非此外了無一事作爲也。西天諸祖之事，比例可知。光學等面牆，不過以知己之故，不妨説其所以，企免膠執論古之失而已。梁公文章蓋世，聰明過人。惜於佛法未深研究，但依日本人所論者而敍之。故致雖無大礙，頗有不合宜之論，間次而出也。孟子曰：「博學而詳説之，將以反説約也。」使梁公息心研究十餘年，然後秉筆著論，當懸之國門，易一字者，賞以千金。窮年竟月，了無一人敢得此賞。况印光之無知無識，敢舒長喙以論其微疵哉？梁公如是，閣下亦如是。皆由急於成書，未暇斟酌之所致也。

大聰明人，大名人，立言必須詳審，不可率爾。以人以己爲模範故也。若平常人有錯謬處，人尚易知而易改。若名人則人必以訛爲正，而互相訛傳也。如《龍舒浄土文》後《李氏夢記》，其文甚平實，亦無深文奥義。但以少用一「初」字，後之録者當作直敘。將生前之事，竟作死後數月，夢感獲益後之事。而凡録此文者，通皆如是，（如《浄土指歸集》、《浄土聖賢録》、《居士傳》、《蓮宗寶鑒》，及《仁山楊公畧傳》。）可見大家更須細心。光一無學問，二無見地，三無行持，故於佛法不敢註釋一字一句。近來由一二友人妄傳其爲人支差之殘羹餿飯，不禁慚惶無地，而無可如何耳。

又三册之中，每一條下，皆具書名。唯紀文達語，概無書名，不知尊意如何？若以愚見，亦當具名，以起人信心，及查考有據耳。

又《佛學小詞典》，字小不能看，即日交與友人看之。初接到時，但畧翻幾翻，並視其前之取字法而已。偶見五十二數内，下註云：「即十信十住十行十回向十地等覺妙覺菩薩位也。」妙覺乃佛，何得列於菩薩數中？若泛明聖位則可，若專明菩薩位，則大錯大錯。此數周安士先生亦曾如此而數。故知名人多有失意之誤耳。

復丁福保居士書十八

茲十五日接到《佛學撮要》一包，《静坐法精義》一本，隨即一閲。知閣下於三教静坐等法，各得其宗緒。但宏揚佛法，不宜以道家煉丹運氣之事與之並存。恐彼邪見種性，援正作邪。則欲令受益，而反爲受損也。儒家論坐論參究本體，全體取禪家參究之法而變其名目，且又絶不言及佛法。雖則造詣高深，於己於人皆有利益。然以襲人之善以爲己有，其於誠意正心之道，致成罅漏，不禁令人慨歎。十五頁八行《佛遺教經》「制心一處，無事不辦」，此一處即念念在道，心與道合，心與佛合之謂。下文閣下所釋，過於著跡。十一行，「緣中」，乃指心之所緣之境中。故下即云：「若眉間，若額上，若鼻端，此是所緣之境，非緣中亦是境之名目。」若緣中亦是境之名目，下當云「及」，不當用「若」字。道家剽竊佛典，不解其意。妄安緣中之位，而又欲與佛各異，名爲黄中。其可笑一至於此。以閣下之博覽，尚襲道家謬解，而直以爲所緣之境。足見宏法參雜，有誤人處。至於十二行止心丹田，此屬治病之法。故下云「經久則多有所治」。非不因治病，亦以丹田爲所緣之境也。十五六行「爾時當繫念鼻端，令心住在緣中，無分散意」，可知繫念鼻端，即是心住緣中。若謂緣中是境，則一心繫念兩境。豈不心境分張，何由成定？前十一行「初學繫心緣中，若眉間，若額上，若鼻端」，雖説三境，畢竟止緣其一，故一一皆用「若」字。閣下隨道家妄説所轉，何不一體貼文意，以爲本旨乎？道家剽竊佛典，類多如是，當置之不論可也。若濫引之，又不别其是非，則便爲邪見人之護身符矣。煉丹家每以治病等法爲希奇，作煉丹運氣之證。而閣下不知其用處，又與繫心之緣同論。則彼異道，遂謂佛法亦運氣煉丹矣。寶誌公係法身大士，普現色身，何得與弄精魂之出神並論？此處一混，則門臼姑娘，直可與純陽呂祖覿體無二矣。《禮》云「擬人必於其倫」，閣下失言，光不能爲閣下諱也。十九頁九行，「言主一」，説得甚好。閣下何不取此義，以釋制心一處之義？十六七行説回光，亦道家著跡，而不知本體之説。廿一行所説法身之義，亦非本有法身。九頁卅行以下，《抱樸子・微旨篇》，係節取《感應篇》中之文，不當云《感應篇》之祖本。按《佛祖統紀》卷五十四，漢靈帝光和二年，老君降天台山，以《感應篇》授仙人葛玄。可知微旨，是摘録其大綱而已。卅一頁十五行，謂印光嚴淨毗尼，精通十二部經，不禁慚惶殺人。佛法不可作人情，閣下竟以佛法作人情。雖屬厚意，然令識破光之底蘊者，不免謂閣下之言爲失實也。《佛學撮要》，寄於山西省城，令友人分施有信心人，兼爲諸人致謝。現今人情世道，無可救藥。除如來三世因果之道，縱有四無礙辯，對彼説法，亦屬徒然。唯知有因果報應輪迴生死之事，則其心惕惕然，唯恐其有惡因而罹惡果耳。遂於舉心動念所作所爲，不敢肆無忌憚，任意所爲。雖在暗室，如臨帝天。使如來不開因果之法，則後世之人欲生於天地之間，而能克善厥終者，蓋亦鮮矣。而狂者畏其拘束，愚者恐妨己事。從兹不謂之爲著相，便謂之爲渺茫。閣下偏搜羣籍，輯以成書。雖於本分似未詣極，然於人心未死，天理欲復者，大有所益也。（民八　六月十九）

温州周羣錚讀《了凡四訓》，謂其文理精摯，擬令商務印書館排印結緣，令光作序，兼以香期之中，每有人來，致稽遲數日，歉甚歉甚。

致丁福保居士書十九

久未會晤，念念。兹有陝西一弟子王尊祖，病肺已久，各醫治均無效。聞居士爲治肺專家，因求光爲介紹。光五六年來，所印各書，恐居士無暇看，故不特寄。《普陀》《清涼》二山志，曾爲寄過也未，今亦記不清。今與《峨眉》、《普陀》、《清涼》三志，一併令彼帶來。外有《遠公文鈔》、《喪祭須知》、《念佛懇辭》、《坐花誌果》，一同包作一起，祈暇時一閲。《坐花誌果》後，附《醒迷録》，亦頗中時流之病。此係四川人所集，一居士寄來，因附於其後。

王尊祖，乃友人王幼農之第四子。幼農前年作陝西民政廳長，現任賑災會主席，爲現今政界中所不多見之人。陪尊祖來者，乃其次子，字次彬，常住蘇州。

圖書在版編目(CIP)數據

觀世音經箋註/丁福保著. —上海:華東師範大學出版社,2013.7
(普陀山佛學叢書)
ISBN 978-7-5675-1018-0

Ⅰ.①觀… Ⅱ.①丁… Ⅲ.①大乘—佛經②《妙法蓮華經》—註釋 Ⅳ.①B942.1

中國版本圖書館 CIP 數據核字(2013)第 165520 號

普陀山佛學叢書
觀世音經箋註

著　　者　丁福保
點 校 者　道　崇
特約編輯　黄曙輝　鍾　錦
項目編輯　龐　堅
裝幀設計　上海紅邦品牌營銷傳播聯合機構
封面題字　華人德

出版發行　華東師範大學出版社
社　　址　上海市中山北路 3663 號　郵編 200062
網　　址　www.ecnupress.com.cn
電　　話　021-60821666　行政傳真 021-62572105
客服電話　021-62865537　門市(郵購)電話 021-62869887
地　　址　上海市中山北路 3663 號華東師範大學校内先鋒路口
網　　店　http://hdsdcbs.tmall.com

印 刷 者　浙江臨安曙光印務有限公司
開　　本　889×1194　32 開
印　　張　4.75
字　　數　86 千字
版　　次　2014 年 2 月第一版
印　　次　2014 年 2 月第一次
書　　號　ISBN 978-7-5675-1018-0/B·791
定　　價　19.80 元

出 版 人　朱傑人